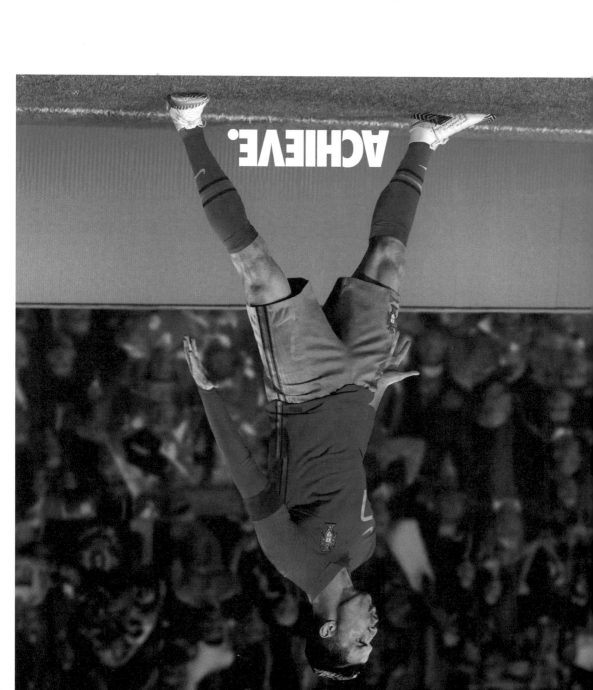

Achieve at future speed.
Merurial Dream Speed 3.

Wunderbar ist die Gunst denn des Gottes des
Fußballs. Zwar niemand weiß, wann und von wannen
Er schenket nach Puskas und Pele und Kempes den
Neuen Erwa"hlten - nie doch und nimmer vergißt
Er sein hoffendes Volk. U"ber Indien hinaus
Und den Ganges spa"het sein
forschender Blick, ins ferneste Land, da
Seit Alters Ma"nnermut blu"het und hoher Sinn.
Tapf'res Korea! Du schenktest uns Cha!

축구 신의 은총은 놀라워라
언제 어디로부터 그가
푸스카스와 펠레 켐페스의 뒤를 이을
새롭게 선택된 이를 보내줄지 아무도 알 수 없으나
신은 결코 백성의 희망을 잊지 않고
그의 탐색의 시선은 인더스와 갠지스를 넘어
예로부터 남자들의 기상과 고결한 정신이 번성했던
동아시아로 향했다
용맹한 한국이여! 그대는 우리에게 차범근을 선물했다!

———

Eckhard Henscheid
에크하르트 헨샤이트

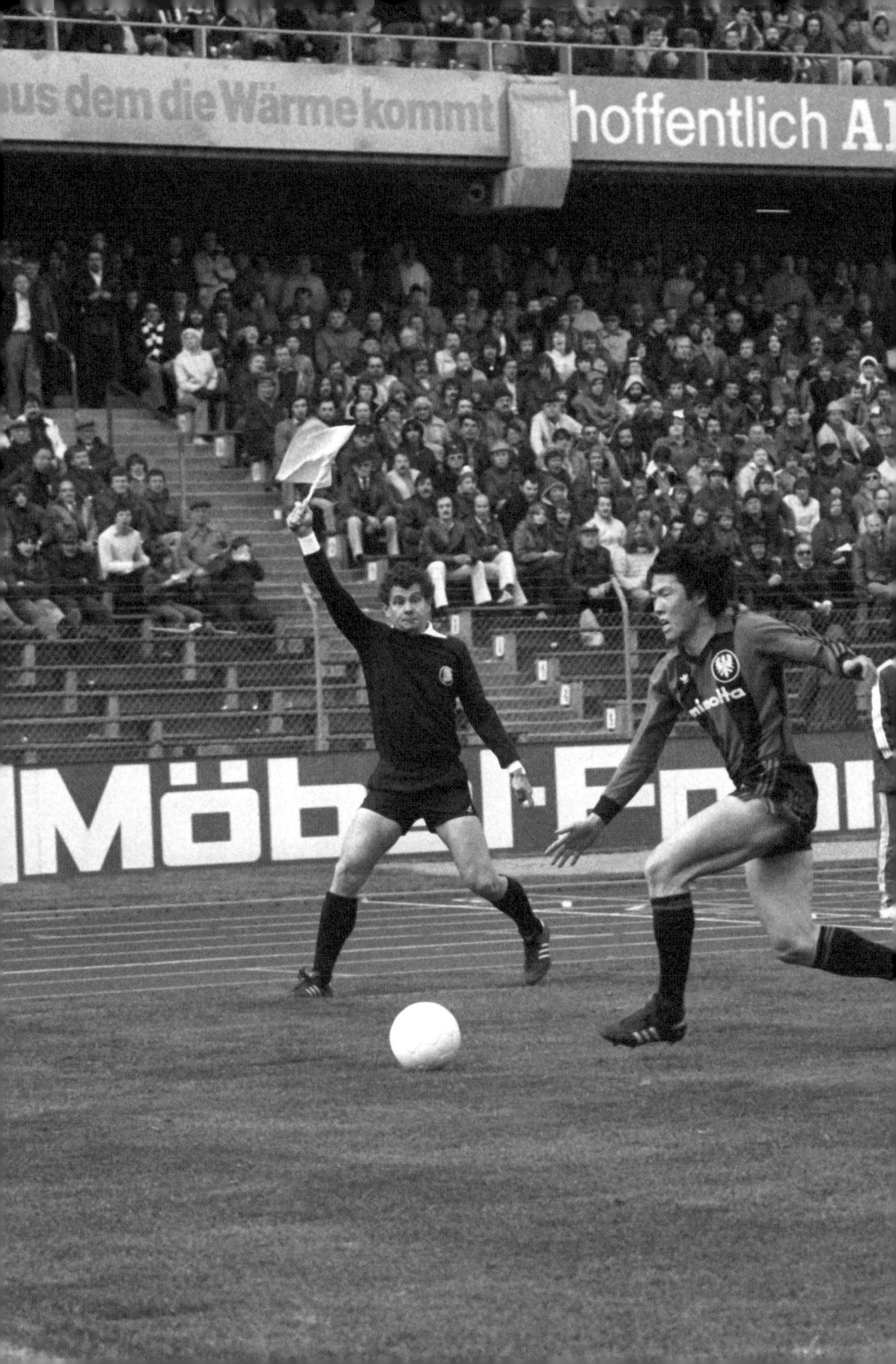
us dem die Wärme kommt
hoffentlich

IANZ versichert
Ihr Haus mit der guten Beratung
Tapeten Gardinen Bodenbeläge
Wilhelm-Leuschner-Straße 4-8
STREIF
STREIF

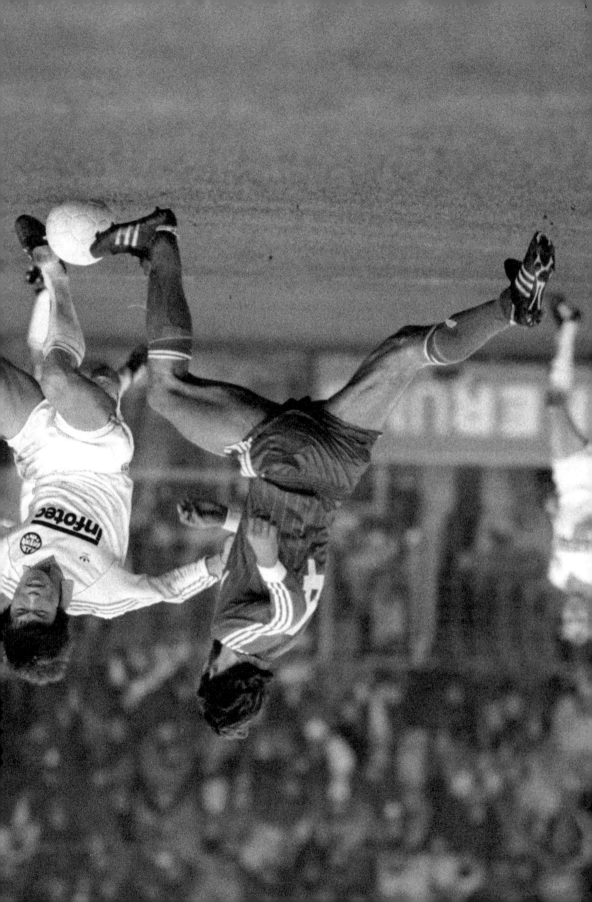

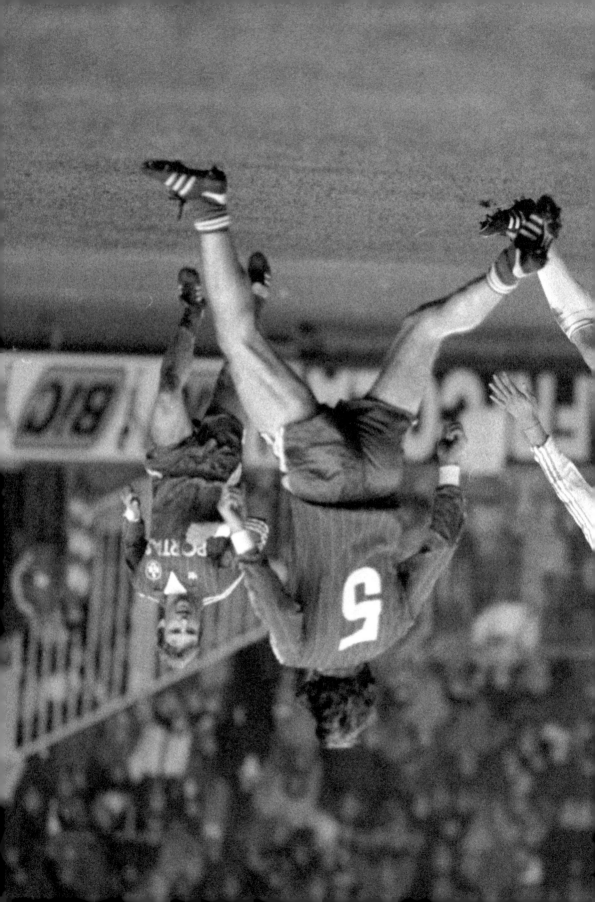

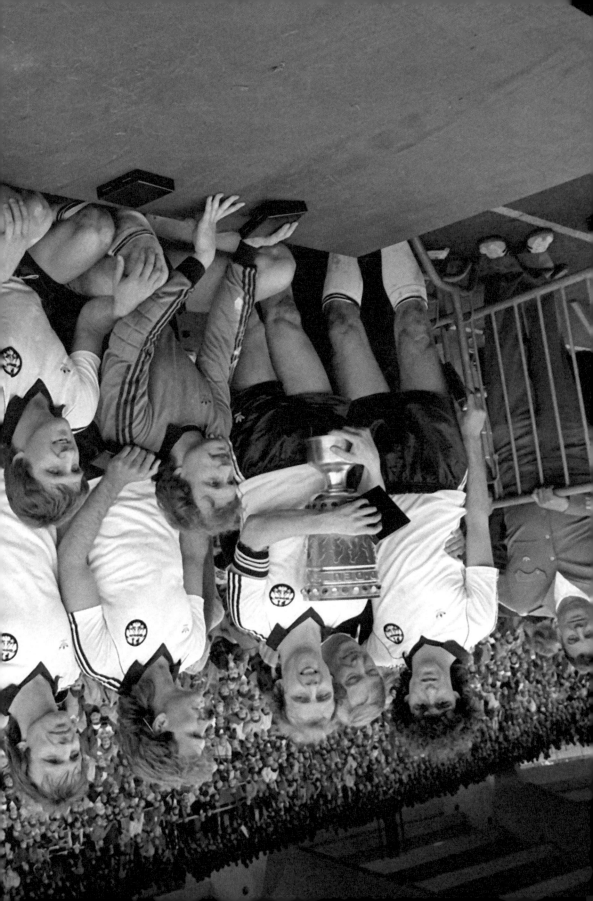

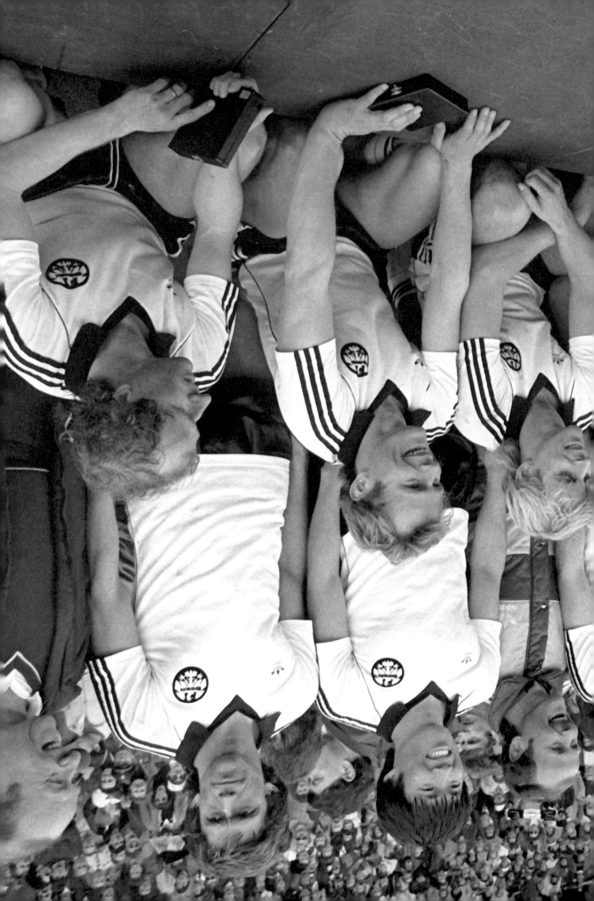

EDITOR'S LETTER

"처음이라고 모두 의미 있는 건 아니다."

포포투 코리아 편집장이 된 후 첫 책으로 계간지 포포투+
창간호를 만들며 스스로에게 했던 말입니다. 2007년 5월 포포투
코리아 창간호를 보고 설레었던 기억이 있어 더 부담이 되기도
했고요. 저는 그 책을 교본처럼 보면서 기자 생활을 시작했고,
2007년 8월호부터 포포투 마감에 참여했습니다.

모두 편집장이 된 걸 축하해줬지만, 제가 만들 포포투+ 창간호가
성공할 거라고 덕담한 이는 많지 않습니다. 디지털 시대, 책과
잡지의 죽음이 일상적으로 거론되는 시점에 종이책을 낸다는데
'잘될 거야라고 말하기도 쉽지 않았을 겁니다. 주류 플랫폼이 된
유튜브도 사용자가 영상에 집중하는 시간이 점점 짧아지는 걸
고민하고 있으니까요.

모험에 가까운 변화를 택했습니다. 주제 하나를 선택해 깊고
다양한 글을 담기로 했습니다. 주제로 삼을 인물을 찾다가 한
사람의 이름이 나오자 바로 결론이 났습니다. 시작과 변화
그리고 개척이라는 의미를 모두 지니고 있는 사람. 차범근
차범근축구교실 이사장이었습니다. 차범근은 한국 축구뿐 아니라
당시 한국 사회에 큰 영향을 줬습니다.

주제를 선택하고 마음을 조금 놓았습니다. 모든 처음이 의미
있지 않지만, 소수의 개척자는 시대와 흐름을 바꿔왔으니까요.
차범근이 앞서간 길을 따라 걸으면서 그 확신은 좀 더
커졌습니다. 개인의 즐거움이 아닌 한국과 한국 축구를 위해
"기계처럼" 살았던 10년 이후, 그가 걸었던 벌판에는 넓고 선명한
길이 났습니다.

그 길 위에 선구자가 흘렸던 땀과 눈물의 흔적은 없습니다.
사실 그가 개척자라는 건 모두 알지만, 그 이상은 잘 모릅니다.
후배들도 마찬가지입니다. 그래서 그의 행보를 제대로
조명하려 했습니다. 아시아 최초로 분데스리가에 진출했던
오쿠데라 야스히코 요코하마FC 이사장은 물론이고 한국인
최초로 보루시아도르트문트에 입단했던 이영표도 이 작업에
동참했습니다.

"사람들에게 감동을 주려면 간절해야 해. 계속 지켜보니까 간절한
마음이 느껴지는 거 같아."

무에서 유를 만든 이에게 듣는 칭찬은 특별하더군요. 큰 위안을
얻었습니다. 그 마음을 독자 여러분께도 전하려고 열심히
노력했습니다. 창간호 하나로 무언가를 바꿀 수 있다고 생각하진
않습니다. 변화의 의지와 새로운 방향성을 공감할 수 있을 정도만
되도 성공이라고 생각합니다. 포포투는 차범근이 아니니까요.

든든한 동료들과 함께 새로운 방향으로 나아갑니다. 여러분과도
함께 걸을 수 있는 길이었으면 좋겠습니다.

포포투 코리아 편집장 **류청**

CONTENTS

Interview I

선수들이 현장에서 만난 더 큰 차범근의 위상

Column & Essay

그를 이해하는 학문적인, 경험적인 방법론

Infographic

Interview II

관찰자적 시점으로 지켜본 10년

CHA BUM KUN

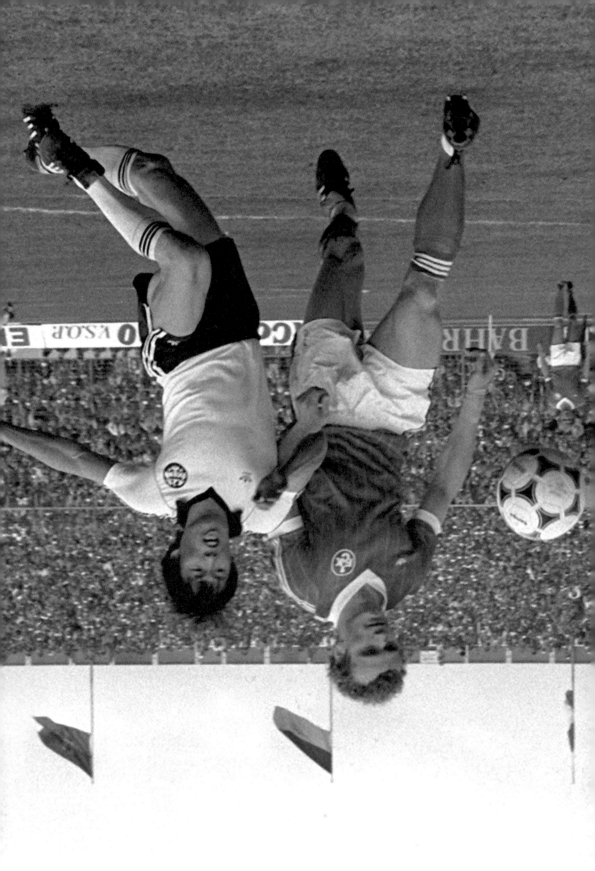

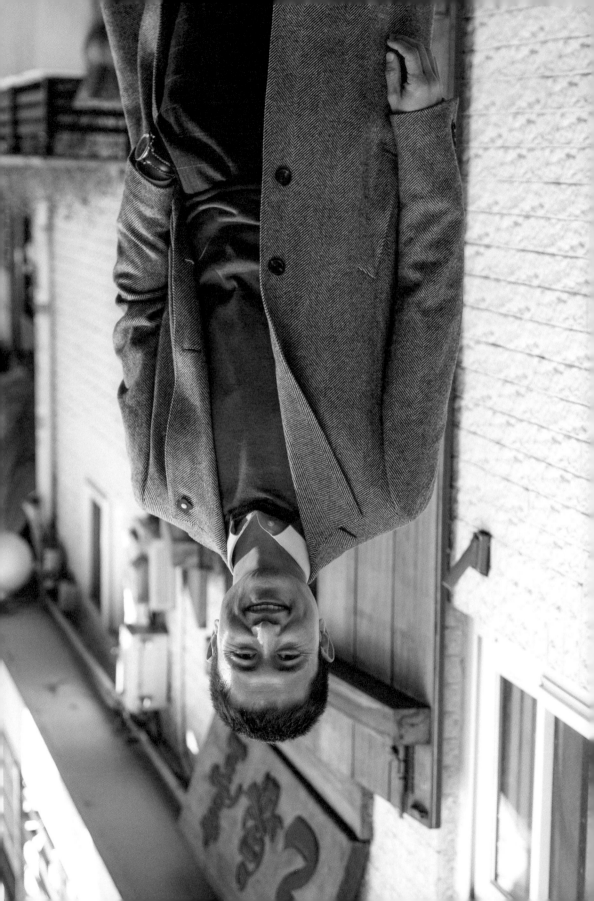

이영표 Lee Young Pyo

월드컵 국가대표(2002, 2006, 2010), 분데스리가 1시즌 활약 / 강원FC 대표

1980년대 이후 태어난 이들은 이영표를 그 시대의 선구자라고 생각한다.
그는 네덜란드와 독일 그리고 잉글랜드를 누볐다. 이영표는 그 길 위에서,
생각보다 더 거대한 차범근의 존재감을 체감했다.

인터뷰 류청 사진 이연수

처음으로 본 외국 리그가 분데스리가였나요?

제가 어렸을 때는 외국 축구를 접할 기회가 거의 없었어요. 비디오
테이프로 해외 축구 다큐멘터리를 보거나, 가끔 뉴스에서 해외
축구를 보는 식이었죠. 고등학교 때 도르트문트가 챔피언스리그
우승한 뉴스를 본 기억이 있어요. 디에고 마라도나 다큐멘터리를
보고 이탈리아와 나폴리에 대해서도 알게 됐죠. 차범근 감독님
비디오는 중학교 때 일본에 가서 봤어요. 민박을 우리 또래 축구선수
집에서 했는데, 그 친구가 유럽에서 잘하는 선수 영상을 담은
테이프를 가지고 있었고, 그중 하나가 차범근 감독님 영상이었어요.

무슨 내용이었나요?

분데스리가 활약상이었어요. 차범근 감독님이 치고 달리다가
슈팅하고 그런 거였죠. 엄청 빨랐어요. 다시 말하지만 당시는 유럽
축구를 접할 수 있던 시절이 아니었어요.

가고 싶다고 꿈꾸던 리그가 있었다면요.

막연하게 네덜란드 리그에 가고 싶었어요. 이유는 모르겠네요.
아마 월드컵 때 네덜란드가 잘해서 그랬던 것 같아요. 1990년,
1994년 월드컵에서 네덜란드가 축구를 잘했어요. 그때 네덜란드와
이탈리아가 잘해서 가고 싶었는데, 진짜 갈 줄 몰랐네요. 막상
네덜란드 가서는 그 꿈을 잊었어요. 시간이 지나서야 되돌아봤죠.
'아, 내가 네덜란드 가고 싶어했지.'

직접 느낀 차범근은 어땠어요?

차범근 감독님이 잘했다는 건 알았지만, 얼마나 잘 했는지는
몰랐어요. 그걸 피부로 느낀 게 유럽에 갔을 때죠. 제 또래 선수들이
유년 시절에 차범근 감독님 플레이를 보고 자랐다는 걸 알게
됐어요. 우리팀 선수들이 차 감독님 존재를 알고 레전드로 인정하는
걸 보면서 제 안에서 재평가가 이뤄졌어요. 잘하는 사람인 줄은
알았지만, 그 정도인 줄은 몰랐어요.

그렇게 대단하게 생각하던가요?

1980년대 중후반에는 분데스리가가 세계 최고였어요. 차 감독님이
뛰던 시기죠. 거기서 최고 선수로 뛰면서 엄청난 영향력을
보였으니까요. 디미타르 베르바토프가 토트넘에 왔을 때 차
감독님이 자신의 롤 모델이자 우상이었다고 말하더라고요. 어렸을
때부터 봤다고요. 아마 베르바토프는 레버쿠젠 출신이었으니
경기장에서 차 감독님 사진도 많이 봤을 거예요. 그런 이야기를
들으니 괜히 뿌듯하더라고요.

국내에서보다 평가가 더 높다는 생각이 드네요.

제가 생각하기에는 차범근 감독님, (박)지성이, (손)흥민이를 보는
전 세계의 시선은 우리의 평가보다 훨씬 더 높아요. 우리는 대표팀
경기를 자주 보고, 상대적으로 가까이서 보니까 얼마나 대단한
선수인지 잊는 거 같아요.

그런 면도 있겠어요.

대중에게 평가될 때, 실제 실력만큼 인정받는 일은 거의 없다고 봐요. 과대평가받거나 과소평가받죠. 대개 선수가 처음 등장하면 과대평가, 눈앞에 오래 있으면 과소평가받는 거 같아요. 한국에서 지성이나 흥민이는 과대가 아니라 과소평가받고 있죠. 직접 체감한 바로는 그래요.

사실 선구자는 어렵고 힘들잖아요.

그때(차범근 감독 시절)가 훨씬 힘들었죠. 저는 2002한일월드컵이 있어서 '저 나라 4강 갔네'라는 배경이라도 있었어요. 당시에는 인종차별이나 선입견이 더 많았을 텐데, 그런 곳에서 인정받는다는 건 정말 실력 아니면 불가능한 일이죠.

선수가 감독에게 사랑받기는 어렵고, 외국에서는 그게 더 어려운 거 아닌가요?

아시아 선수가 동료나 감독에게 인정받으려면 더 오래 걸려요. 편견을 깨야 합니다. 그런데 일단 인정받으면 가족같이 대해줘요. 저도 그런 걸 느꼈고요.

외국에 나가면 한국 선수들은 전술 수행 능력을 의심받는다는 이야기를 들은 적이 있어요. 그래도 네덜란드에서 거스 히딩크 감독과 있어서 적응이 수월했나요?

히딩크 감독이 저를 알았던 게 알게 모르게 도움이 됐던 거 같아요. 저는 연습 때 스트레스를 많이 받았어요. 유럽 축구 템포를 못 따라갔어요. 공이 저한테 오면 한 박자씩 죽는데 그게 스트레스였죠. 대표팀 경력도 많고 월드컵에서도 뛰었는데 유럽에서 템포를 못 따라갔던 거예요. 경기는 거의 이기니까 오히려 편했어요. 템포를

따라가려고 노력했고, 4개월 정도 뒤에는 동료 선수들이 불만을 표현하지 않을 정도로 템포 안에 녹아들어서 그 축구를 했어요. 근데 너무 재미있는 거예요. 축구를 새로 배웠다는 느낌이었어요. 한 단계 올라선 결정적인 계기가 됐어요.

함께 있던 박지성도 고생이 많았죠.

지성이도 네덜란드에서 2년 동안 정말 고생했는데 돌아보니 그게 엄청난 발전의 시간이었어요. 저도 5개월 동안 경기에서 공을 잘 못 받았어요. 흐름상 무조건 공이 제게 와야 하는데 반대로 가더라고요. 당시 네덜란드 리그는 아약스와 PSV에인트호번 맞대결 2연전이 우승을 결정 지었어요. 아약스에는 즐라탄 이브라히모비치, 베슬러이 스네이더르, 막스웰, 라파엘 판 데르 파르트가 있었죠. 우리 홈에서 2-0으로 이길 때 골과 도움을 하나씩 기록하니 그때부터 인정받기 시작했어요. 패스도 오더라고요. 그렇게 하고 가니까 토트넘에서는 그런 과정이 없었어요. 다들 제 이름과 출신 나라를 알아서 편했죠.

2004년 챔피언스리그 4강 2차전 AC밀란과 경기(*3-1 승리)가 생각나네요. 지금 생각해봐도 거짓말 같아요. (*이영표는 도움을 기록했고, 박지성은 골을 넣었다)

밀란은 당시 최고였고, 선수 구성도 남달랐어요. 그런 팀과 챔피언스리그 4강에서 경기를 잘했어요. 그 경기가 아시아 선수도 유럽에서 통한다는 사인을 줬던 거 같아요. 그 이후로 유럽으로 한국 선수 러시가 일어났죠.

토트넘을 거쳐 분데스리가 명문 보루시아도르트문트로 갔어요.

도르트문트는 엄청 큰 팀이에요. 토트넘에서 이적할 때 옵션이

몇 개 있었어요. PSV에서는 계속 돌아오라고 했고, 분데스리가 3위권이던 샬케04, 포르투갈의 FC포르투에서도 제안이 있었어요. 샬케 감독이 PSV 시절 수석코치여서 샬케 이적이 가장 가까웠어요. 그런데 도르트문트 위르겐 클롭 감독이 직접 전화를 했고, 통화하고 나서 도르트문트로 갔죠. 홈 경기 분위기는 엄청납니다. '노란 벽'이라고 불리는 골대 뒤 관중석에 2만 8,000명이 서서 응원해요. 도르트문트도 리버풀처럼 워밍업할 때 부르는 노래가 있어요. 그걸 들으면 전투에 나가는 느낌이 나요.

클롭은 어떤 감독이었는지 물어볼 수밖에 없네요.

선수들을 긴장시키는 능력이 있었어요. 게겐프레싱(전방 압박)을 구사하고 역습이 빠른 팀으로 이끌었죠. 그게 전술적인 부분도 있지만, 정신적인 것도 커요. 감독이 선수들의 정신을 지배했어요. 팀에 정신이 살아 있는 거죠. 그러니까 역습으로 나가는 속도보다 공을 빼앗긴 뒤에 수비로 돌아오는 게 더 빠른 팀이 됐죠. 역습으로 나가는 속도도 중요하지만 우리 진영으로 돌아오는 속도도 중요하거든요. 그건 중계에 안 나오지만요. 그래서 실점 없이 경기하고, 레알마드리드 같은 강팀도 잡을 수 있었던 거 같아요.

독일에서 뛸 때도 차범근을 느낄 기회가 있었나요?

독일 같이 축구 역사와 전통이 깊은 나라는 경기장에 오는 팬 연령층이 다양해요. 그분들은 그 팀 경기를 수십 년 봤으니 차범근 감독님을 기억해요. 레버쿠젠이나 프랑크푸르트 팬만 기억하는 게 아니라 모든 팀 팬들이 당연히 기억하는 거죠. 그건 대단한 거예요.

선배 없이 혼자 길을 개척하기는 쉽지 않죠?

네덜란드에 저와 지성이가 간 뒤에 한국 선수들이 왔고,

잉글랜드에도 지성이 이후에 선수들이 진입했어요. 독일은 흥민이가 레버쿠젠에서 경기를 잘한 게 컸던 거 같아요. '아시아 선수 괜찮네'라는 인식을 준 거죠. 윗 세대가 잘하면 다음 세대에 혜택이 돌아가요.

'후배에게 도움을 줘야겠다. 나라를 위해 뛰어야겠다'는 생각을 했었나요?

그렇게 큰 생각을 하며 뛰지 않았지만, 연결이 돼 있다는 건 알았어요. 제가 잘해야 모두가 다 좋다고요. '국가를 위해서 뛰어야', 그런 생각까지는 안 했어요.

차범근은 "기계처럼 살았다. 휴가도 가본 적이 없다"라고 했어요.

저도 그랬어요. 영국에 있을 때를 돌이켜보니 가족들에게 미안한 게 많더라고요. 런던에 살면서 뮤지컬도 못 봤어요. 작년에 가서 처음 〈레미제라블〉을 봤다니까요. 지나고 보니 '그렇게 여유가 없었나'라는 생각이 들더군요. 그렇게까지 할 필요는 없었는데… 지금 생각하면 제가 바보죠. 여유가 없어서… 그때는 와이프가 자다가 밤에 아이가 깨면 아이를 데리고 나갔어요. 제가 자야 한다고요. 그 정도로 아내의 헌신이 있었어요. 다시 돌아가면 그것도 인생인데 조금 더 여유 있게 하고 싶어요. 그래도 마지막이었던 미국프로축구리그 밴쿠버화이트캡스에서는 좀 여유가 있었어요. 여행도 가고 그랬죠.

차범근은 세대를 뛰어넘는다. 그 영향력은 2010년대 분데스리가에 진출한
1980년대 생 한국 선수들에게 이른다. 1990년대 생에게도 물론이다.
K리그에는 그의 이름을 딴 선수가 활약하고 있다.

인터뷰 이종현, 조형애 정리 조형애 사진 FAphotos

구자철 Koo Ja Cheol

분데스리가 9시즌 활약 / 알가라파 미드필더

분데스리가에서 9년여 활약한 구자철은
2011년, '한국이라는 아시아 국가에서 온
한 선수'에 불과했던 시기를 기억하고
있다. 적응에 고됐던 시간도 마음속에 남아
있다. 그는 멀리서, 또 가까이에서 힘이 된
차범근에게 특별히 고마워한다.
"제가 처음 분데스리가에 진출했을 때 많은
사람이 차범근 감독님 이야기를 했어요.
그때 자부심을 느꼈어요. 사실 제가 독일에
갔을 때도 한국이라는 나라를 잘 모르는
선수들이 있었어요. 감독님이 뛰셨을 땐
더 몰랐겠죠. 그럼에도 분데스리가는 물론
세계적으로 최고의 활약을 한 공격수였다는
점이 항상 존경스러워요. 제가 가장
중요하게 생각하는 게 꾸준함이에요.
감독님은 10여 년 동안 최고의 자리를
지키며 우리나라를 빛냈어요. 정말, 말로
표현할 수 없이 자랑스러워요. 해외
생활이 정말 쉽지 않거든요. 아무리
적응해도…, 결국엔 이방인이니까요. 전
볼프스부르크에서 활약할 때 어려움을
많이 겪었어요. 그때 감독님께서 찾아와
격려를 해주셨어요. 제 대신 펠릭스 마가트
감독님과 면담도 해주셨고, 저녁 식사까지
초대해주셔서 맛있게 먹었던 기억이
있어요. 정말 힘들 때라 큰 힘이 되었던 거
같아요. 말씀은 못 드렸지만 참 감사했고,

정말 든든했어요. 그래서 저도 훗날,
유럽에서 활약하는 선수들에게 도움이 되는
일이 있다면 하고 싶어요. 그 고충을 잘
이해할 수 있으니까요."

구자철은 어느새 유망주들의 롤 모델이
됐다. 개인의 성공에 그치지 않고
후배들에게 도움의 손길을 뻗는다.
차범근이 바라는 모습 그대로 성장했다.
"제가 축구를 배우며 커오는 동안 아쉬운
부분들이 있었어요. 후배들의 길을
열어주는 일을 중요하게 생각하는 게
그것 때문이에요. 그리고 제가 후배들에게
도움을 줄 수 있다고 믿기 때문이기도
하고요. 기본적으로 저는 제가 할 수 있는
일에 최선을 다하면서 행복하게 사는 게
가장 중요하다고 생각해요. 모든 축구인이
한국 축구를 위하는 일에 참여할 수 있다면
적극적으로 참여해야 한다고도 생각하고
있어요. 감독님께서는 정말 오랫동안
유소년 교육을 하고 계세요. 그 안에서 많은
선수가 도움을 받고 성장하기도 했어요.
저도 제 위치에서 한국 축구를 위하는 일에
한 부분을 맡고, 돕고 싶어요. 그게 앞으로
제가 하고 싶은 일이에요."

박주호 Park Joo Ho

분데스리가 4시즌 활약 / 울산현대 수비수

"차범근 감독님에 관한 기억은 모든 축구
팬과 국민들이 갖고 있는 기억과 비슷할
것 같아요. 다만 독일 현지에서 감독님에
대한 특별한 대우를 느꼈던 기억은 있어요.
사실 1980년대 분데스리가를 잘 몰라요.
그땐 저도 너무 어렸으니까요. 하지만
기록을 보면 분데스리가 팀들이 당시
챔피언스리그와 같은 다양한 대회에서 좋은
성적을 낸 걸 알 수 있죠.
감독님이 쌓아온 좋은 이미지 덕을
분데스리가에 진출한 후배들도 보는 것
같아요. 한국 선수들은 '근성과 실력을 갖춘
성실한 선수'라는 이미지를 독일인들이
가지고 있어요. 저 역시도 그 인식을 이어
가기 위해 노력했고요. 다른 선수들도
같은 생각을 했을 거라고 생각해요. 그런
인식 덕분에 축구를 떠나 모든 팀에서
한국 선수들에게 큰 호감을 갖고 있다고
느꼈어요. 물론 실력도 있고요. 분데스리가
팀들이 앞으로도 한국 선수들을 찾을 것
같아요."

송범근 Song Bum Keun

전북현대 골키퍼

"아버지가 차범근 감독님 팬이셨어요. 제
이름이 '범근'이가 된 이유죠. 처음부터
'범근'으로 지으시려고 한 건 아니고,
작명소에 가셨대요. '덕근', '동근', '범근'을
받았고, 작명소에서는 '덕근'이라는
이름을 밀었는데 아버지가 차범근 감독님
팬이셔서 '범근'을 택하셨다고 해요.
차범근축구교실도 다녔어요. 한 번은
필드에서 공을 차고 있는데, 아버지가
'범근아'하고 불러서 다들 깜짝 놀랐던 게
기억나요. 그때 지금 해설위원이시기도
한 이상윤 코치님도 계셨어요. 어렸을 땐
저도 공격수였어요. 계속 공격수 하고
싶었는데, 코치님이 골키퍼를 보라고 했죠.
그냥 운 정도가 아니에요! 대성통곡했죠.
어려서부터 전 키가 컸어요. 아버지가 키가

크시거든요. 차범근 감독님은 초등학생
때부터 봬왔어요. 감독님은 축구교실
다닐 때 제 얼굴을 기억하시더라고요.
저는 19세 연령별 대표팀 때부터의 기억이
생생해요. 감독님은 절 보면 늘 웃으시죠.
'열심히 하라'는 말도 꼭 해주세요. 감독님이
대단하시다고 생각했던 에피소드가
있어요. 독일 사람들이 한국에 와서 그런
이야기를 한다고 하잖아요. '여기가 차붐의
나라입니까?' 미하엘 발락이 그랬죠?
참 대단한 거 같아요. 선수 한 명이
대한민국이라는 나라를 알릴 수 있다니요.
이름이 같긴 하지만, 제가 어떻게 차범근
감독님 커리어를 따라갈 수 있겠어요. 그저
그 이름에 부끄럽지 않게 선수 생활을 하고
싶어요."

한국 사회에 프로축구와
유럽축구 시대 서막을 알리다

글 이종성
한양대학교 글로벌스포츠산업학과 교수

한국 프로 스포츠는 1980년대 전두환 정권의 정치적 목적에 의해 탄생한 것으로 인식되어 왔다. 틀린 말은 아니다. 정권의 강력한 스포츠 드라이브가 없었다면 프로야구나 프로축구의 시작점은 1982년이나 1983년보다 뒤로 밀렸을 것이다. 하지만 이미 1970년대 말부터 한국 스포츠는 내재적으로 프로 시대를 예고하고 있었으며 그 중심에는 차범근을 비롯해 해외로 향한 축구 스타들이 존재했다. 세미 프로리그 형태로 운영되던 홍콩으로 떠난 변호영, 김재한, 박이천 등을 필두로 차범근, 허정무, 김진국 등이 유럽으로 떠났다. 그 가운데 서독 분데스리가 프랑크푸르트에 입단한 차범근의 높은 연봉은 세간의 화제가 될 수밖에 없었다. '돈'이 곧 '실력'인 능력주의 시대가 열린 셈이다. 그리고 더 많은 국가대표급 선수들은 차범근과 같은 성공을 거두기 위해 해외 진출의 기회를 엿보게 됐다. 당시 대한축구협회장이었던 최순영은 차범근 이후로 가속화될 축구 국가대표 선수들의 '엑소더스' 현상이 한국 축구 전력 약화로 이어질 것으로 우려했다. 1954스위스월드컵 이후 한국의 월드컵 본선 진출을 숙원사업으로 생각하던 축구계와 최순영 회장은 결국 한국 최초의 프로축구팀 할렐루야를 창단했고, 한국 프로축구는 첫걸음을 떼게 된다. 아이러니하게도 한국 프로축구 탄생에 촉매 역할을 했던 차범근의 서독 분데스리가 진출은 한국에 유럽 축구를 알리는 결정적 계기가 됐다. 지금이야 웬만한 유럽 프로축구리그 경기를 실시간으로 볼 수

있지만, 당시 한국에서 유럽 프로축구는 흑백사진과 짧은 기사로만 그나마도 간간이 접할 수 있는 먼 달나라 얘기에 가까웠다. 이 시기 세계 정상급 리그인 분데스리가를 볼 수 있는 기회가 열렸다. 1977년 〈MBC〉가 시작한 분데스리가 녹화중계는 유럽 축구에 굶주린 '사커 키드'들에게는 한 줄기 빛이었다. 이는 축구 팬에게만 국한된 일이 아니었다. 차범근은 1992년 〈동아일보〉에 말했다. "월요일 밤마다 〈MBC〉에서 보여주는 분데스리가는, 특히 일본 선수인 오쿠데라 야스히코가 뛰는 모습은 시간이 지날수록 '나도 저곳에서 모든 것을 해보고 싶다'는 욕망을 자극했다." 분데스리가 중계는 이처럼 차범근의 서독 진출에 강한 동기를 부여했으며 다른 축구 선수들에게도 적지 않은 영향을 미쳤다. 차범근의 프랑크푸르트 입단 이후에는 한국 사회에서 '놓치면 후회할 프로그램'으로 자리매김했다. 이철원 캐스터의 카랑카랑하고 이지적인 목소리와 핵심을 짚는 코멘트로 유명한 주영광의 해설로 전달됐던 분데스리가 중계는 한국에서 유일하게 유럽 축구를 감상할 수 있는 통로였다. 일본에서도 1968년부터 〈테레비 도쿄〉가 미쓰비시 다이아몬드 사커라는 유럽축구 프로그램을 방영했지만, 당시만 해도 일본 사회에서 축구는 프로야구보다 주변부의 스포츠여서 한국 분데스리가 중계만큼 국민적 프로그램으로 발돋움하기에는 한계가 있었다.

차범근은 '메이드 인 코리아'의 영원한 자부심이다.
그는 한국 사회와 스포츠계에서 거의 모든 것의 처음이었고,
우리가 전 세계와 소통할 수 있는 매개체였다.

한국에서 차범근을 매개로 한 유럽 축구와의 교류는 가속화됐다. 차범근의 서독 진출 이후 분데스리가 클럽들이 대통령 배 축구대회에 초청되기 시작했으며 1980년에는 프랑크푸르트의 초청 경기도 성사됐다. 차범근을 보기 위해 3만 관중이 운집한 서울운동장에서 펼쳐진 화랑(국가대표 1진)과 프랑크푸르트의 경기는 2–1로 프랑크푸르트가 이겼다. 허벅지 부상에도 한국 팬들을 위해 출전했던 차범근의 활약은 축구 팬들에게는 최고의 선물이었다. 이 경기에 쏠린 관심은 엄청났다. 주요 일간지는 이 경기가 〈TBC〉 독점 중계로 방송돼 서울 이외의 지역에서 시청할 수 없었다는 점에 적지 않은 아쉬움을 토로했을 정도였다.

차범근은 각각 1979–80시즌과 1987–88시즌 프랑크푸르트와 바이엘레버쿠젠을 UEFA컵(현 유로파리그) 정상으로 견인했다. 분데스리가에서 외국인 선수로 98골을 기록한 그는 한국과 아시아는 물론 독일과 유럽에서도 레전드 축구 스타로 손색이 없다. 무엇보다 지금처럼 외국인 선수가 많지 않았으며 특히 유럽과 남미 등 축구 강국 출신이 아니면 뚜렷한 족적도 남기기 힘들었던 1980년대 유럽 프로축구리그의 상황을 고려하면 아시아, 아프리카 등 세계 축구 주변부에서 배출한 최고의 스타였다고 해도 과언이 아니다. 또한 '차붐 신드롬'을 시작으로 주로 유럽 주변국(구 유고연방, 덴마크, 폴란드) 선수들만 뛰었던

분데스리가의 세계화 물결도 본격화됐다. 더욱이 차범근이 서독에서 활약했을 때 분데스리가의 위상은 매우 높았다. 1979년과 1983년 사이 무려 분데스리가 클럽 8개가 유러피언컵, UEFA컵, 컵위너스컵 등 3대 유럽 프로축구 대회에서 결승에 진출했을 정도로 경기력이 뛰어났다. 이 가운데 1982–83시즌 유벤투스를 물리치고 유러피언컵(현 챔피언스리그) 정상에 오른 함부르크SV는 이 시기 바이에른뮌헨과 함께 분데스리가를 양분했다. 당시 분데스리가의 문제점은 비슷한 시기에 터져 나온 잉글랜드 축구의 훌리건 난동처럼 경기장 폭력 사태가 심심치 않게 발생했으며 축구장에 신(新)나치주의자들이 등장해 분위기가 험악한 것이었다. 이런 이유로 1977–78시즌에 평균 관중 26,100명이었던 분데스리가는 1985–86시즌에는 평균 관중 17,600명으로 급감했다. 하지만 서독은 1986년 월드컵에서 1982년에 이어 준우승을 기록했다. 1986년 월드컵 결승전에서 마라도나가 이끄는 아르헨티나에 2–3으로 석패하기는 했지만, 마지막 순간까지 경기를 포기하지 않는 '게르만 정신'으로 여전히 세계 축구의 강호다운 면모를 보여줬다.

차범근은 같은 해 태극마크를 달고 생애 처음으로 월드컵 본선 경기에 나섰다. 1986멕시코월드컵이 펼쳐지기 전 차범근은 레버쿠젠의 모든 리그 경기(34경기)에 교체 없이 출전해 17골을 기록하는 대활약을 펼쳐 해외 언론에서도 관심이 컸다. 영국의

정론지 〈더 타임스〉는 1986멕시코월드컵을 앞두고 "차범근은 1980년에 서독 대표 축구 전문지 〈키커〉가 선정한 선수 랭킹에서 잉글랜드 축구 스타 케빈 키건보다 높은 순위에 올랐다"라고 소개했다. 32년 만의 월드컵 본선 진출에 고무되어 전 국민이 새벽잠을 설치면서 'FC코리아'를 응원하던 시절 차범근의 월드컵 팀 가세는 국민들의 기대감을 한껏 높여 놓았다. 하지만 한국은 조별 리그에서 탈락했다. 보유하고 있는 실력을 월드컵과 같은 큰 무대에서 자연스럽게 펼치기에는 아직 한국 선수들의 국제 경험과 자신감이 높지 않았던 게 원인이었다. 차범근과 같이 해외 경험이 풍부한 선수가 더 많았다면 하는 아쉬움이 밀려왔던 것도 그 때문이었다.

쭉 뻗은 고속도로를 거침없이 질주하는 자동차처럼 등번호 11번 차범근의 폭풍 같은 질주와 골은 아직 세계 무대에서 잘 알려지지 않았던 한국이라는 국가 브랜드를 홍보할 수 있는 최고의 매개체였으며 한국인의 긍지였다. '차붐, 차붐 슛 골인'에서부터 확산된 한국인의 자부심은 어쩌면 외화가 소중했던 시절 서독으로 떠나 갖은 애환을 겪으며 새로운 인생을 개척했던 파독 광부, 간호사에게 가장 강렬하게 전달됐을지도 모를 일이다. 실제로 서독 분데스리가의 초창기 차붐 신화 형성에는 먼 길을 마다하지 않고 버스까지 전세 내 경기장으로 달려가 목이 터져라 차범근을 응원했던 이들의 노고를 빼놓을 수 없다.

차범근은 한국 축구의 선구자였다. 그는 1970~80년대 세계 축구의 중심에 있었다.

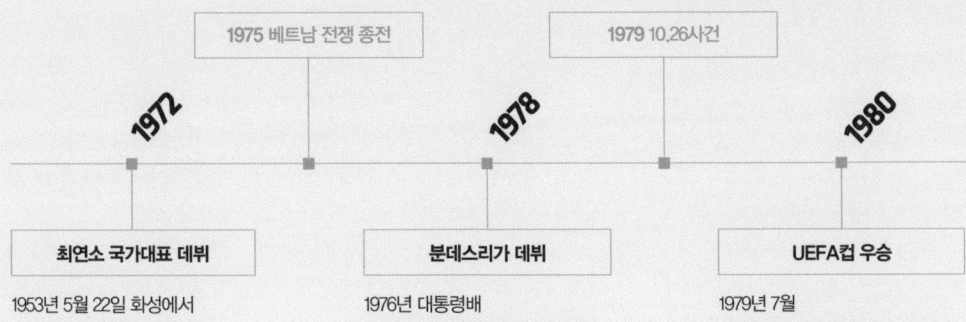

1975 베트남 전쟁 종전		1979 10.26사건

1972 **1978** **1980**

최연소 국가대표 데뷔

1953년 5월 22일 화성에서
삼형제 중 막내로 태어났다.
화성화산초등학교 졸업 후
서울영도중학교로 진학했지만
축구부가 해체되자 경신중학교로
전학했다. 경신고등학교 재학
시절이던 1970년, 청소년 대표가
됐다. 고려대학교에 입학한
1972년에는 최연소 국가대표가
됐다. 만 18세 351일에 대표팀에
데뷔했다. 그해 태국 아시안컵에서
준우승에 기여했다.

분데스리가 데뷔

1976년 대통령배
국제축구대회에서 말레이시아를
상대로 6분 만에 해트트릭을
기록했다. 1977년에는 세계 최연소
센추리 클럽에 가입했다. 만 24세
139일에 기록을 세웠다. 1978년
아시안게임 금메달을 딴 차범근은
그해 12월 SV다름슈타트98에
입단했다. 데뷔는 VfL보훔을
상대로 했다. 하지만 1979년
공군의 입장 변화로 귀국, 6개월여
뒤 만기 전역했다.

UEFA컵 우승

1979년 7월
아인트라흐트프랑크푸르트에
입단했다. 1979–80시즌
차범근은 46경기에 출전해
15득점을 기록했다. 팀은 사상
첫 UEFA컵 정상에 올랐다.
보루시아묀헨글라트바흐를 원정
다득점 우선 원칙으로 꺾었다.
1981년에는 DFB-포칼에서
우승했다. 프랑크푸르트에서
활약한 4년 동안 차범근은
156경기를 뛰며 58골을 넣었다.

정리: 조형애 사진: 게티이미지코리아, 이재형(축구 수집가)

TEAM

1976 신탁은행축구단		1978–1979 SV다름슈타트98	
	1976–1979 공군축구단		1979–1983 아인트라흐트프랑크푸르트

1986 체르노빌 원전 사고　　1989 베를린 장벽 붕괴

1983　　　　**1988**　　　　**1989**

바이엘04레버쿠젠 이적

1983년 분데스리가가 리그 재정
건정성을 재고하며 선수 연봉의
절반을 깎았다. 큰 사기까지
당한 차범근은 이적을 결심했다.
함부르크, 뉘른베르크, AC밀란,
나폴리 등이 영입전에 나섰으나
최후의 승자는 레버쿠젠이었다.
즉시 전력감이었던 차범근은
레버쿠젠 합류 후 3시즌 연속 리그
두 자릿수 득점을 기록했다.

UEFA컵 우승

1986년, 차범근 합류 후 처음으로
레버쿠젠이 UEFA컵 진출을 확정
지었다. 리그 1위 바이에른뮌헨이
DFB-포칼도 우승함에 따라 리그
5위 슈투트가르트가 컵위너스컵
진출했고, 리그 6위 레버쿠젠이
UEFA컵 예선에 나가게 됐다.
2년 뒤에는 사상 첫 우승을
거머쥐었다. 차범근은 각기 다른
팀 유니폼을 입고 우승한 역대
9번째 선수가 되었다. 현재에도 이
명단에 든 선수는 12명밖에 없다.

독일 생활 청산 후 귀국

1986-87시즌부터 미드필더로
포지션을 변경해 3시즌을 뛴
차범근은 1989년 은퇴를 선언했다.
그는 그해 11월 10일 독일 생활을
청산하고 귀국 길에 올랐다.
베를린 장벽이 무너지고 하루 뒤
일이었다.
분데스리가에서 활약한 9시즌
동안 차범근은 308경기를 뛰고
98득점을 올렸다. 컵 대회와
유럽축구연맹 주관 대회까지
합하면 372경기에서 121골을
쏟아냈다. 프랑크푸르트는
2013년 구단 레전드 베스트11에
차범근을 선정했다. 투표는
팬들이 했다. 차범근은 2016년
국제축구역사통계재단(IFFHS)이
뽑은 세계 축구 레전드 48인에도
이름을 올렸다. 2019년에는
프랑크-발터 슈타인마이어
독일연방공화국 대통령이 수여한
십자공로훈장을 받았다.

1983-1989 바이엘04레버쿠젠

BUNDESLIGA

정리 이종현

창설연도

독일챔피언십(1897년)
가우리가(1933년)
오버리가(1945년)
분데스리가(1963년)

참가 팀 수

18

시즌

8월경~5월경

하위 리그

2.분데스리가

최다 우승팀

바이에른뮌헨(29회)

국내 대회

DFB-포칼(FA컵)

UEFA 리그 랭킹

3위

*2020-21시즌 기준

기원은 1897년 창설된 독일챔피언십이다. 분데스리가는 챔피언십, 가우리가(1933년), 오버리가(1945년)를 거쳐 1963년 현 체제로 거듭났다. 분데스리가는 여타 유럽 리그들과 두드러지는 차이가 있다. 상대적으로 적은 18개 팀으로 구성돼 있다. 매 시즌 크리스마스를 기점으로 새해 1월 중순까지 약 한 달간 긴 겨울 휴식기를 보장한다. 18개 팀을 유지하던 분데스리가는 서독과 동독이 통일한 1991-92시즌 한시적으로 20개 팀이 타이틀을 놓고 경쟁했다. 하지만 한 시즌 만인 1992-93시즌에 다시 18개 팀 체제로 돌아왔다. '50+1' 규정도 다른 리그에는 없다. 이 규정은 개인이나 기업이 구단 지분의 51% 이상 차지하는 것을 방지한다. 구단과 리그의 상업화를 막고 팬들을 중심으로 리그를 운영하려는 묘안이다. 분데스리가는 또 구단 이름에 기업명이 들어가는 걸 금지한다. 그러나 분데스리가가 출범하기 전부터 기업 구단이었던 사례(바이엘04레버쿠젠, VfL볼프스부르크)와 개인이나 국가 혹은 법인으로부터 20년 이상 꾸준히 지원받은 경우(TSG1899호펜하임)는 예외다. 분데스리가가 자부하는 50+1 규정은 재정 건전성을 지키고 시민 구단으로 자부심을 느끼게 하는 이상적인 정책으로 보이지만, 양날의 검이라는 평가도 받는다. 자본에 문을 활짝 연 잉글리시 프리미어리그, 스페인 프리메라리가와 선수 영입 경쟁할 때 어려움을 겪기 때문이다. 연봉이 높은 슈퍼스타를 리그에 잡아 두기도 쉽지 않다. 분데스리가는 거액을 들여 선수를 영입하기보다는 유소년 육성에 많은 투자를 하고, 어린 선수들에게 상대적으로 많이 기회를 주는 리그로도 알려져 있다. 현재는 외국인 선수 제한 규정이 없으나, 차범근이 활약했을 때는 비독일인 선수 2명만 출전(그라운드 위 기준)이 가능했다. 이 외국인 쿼터제는 1992년까지 유지되었다. 2018년 기준, 평균 관중은 약 4만 3,449명이다. 미국 미식축구리그인 내셔널풋볼리그(NFL)를 제외하고 분데스리가보다 평균 관중을 많이 불러들이는 프로 스포츠는 없다.

Eintracht Frankfurt 아인트라흐트 프랑크푸르트

창단연도

1899년 3월 8일

홈구장

도이체방크파르트(51,000명 수용)

역대 한국인 선수	주요 우승 기록
차범근(1979~1983)	**독일 챔피언십(1회)** I 1959
심재원(2001~2002)	**DFB-포칼(5회)** I 1973-74, 1974-75,
차두리(2003~2006)	1980-81, 1987-88, 2017-18
	UEFA컵(1회) I 1979-80

1899년 독일 중서부 헤센주 프랑크푸르트를 연고로 창단했다. 열성적이고 과격한 서포터가 많은 구단으로 유명하다. 엠블럼은 프랑크푸르트 시의 문장에서 볼 수 있는 독수리를 차용했다. 지역 강호였던 프랑크푸르트는 1959년 독일 챔피언십 우승을 차지했다. 챔피언 자격으로 참가한 1959-60시즌 유러피언컵에선 결승까지 올라 레알마드리드와 우승 트로피를 다퉜다. 1979년 차범근이 팀에 합류했을 때는 서독 국가대표이자 월드컵과 유로 우승 멤버이기도 한 베른트 횔첸바인, 위르겐 그라보브스키와 오스트리아 출신의 스타플레이어 브루노 페차이 등 국제적으로 알려진 선수들이 있었다. 1970~80년대 프랑크푸르트는 바이에른뮌헨이나 함부르크처럼 우승을 두고 경쟁하는 팀은 아니었다. 분데스리가의 황금기를 지탱하며 UEFA컵 티켓을 꾸준히 획득하는 팀이었다. 유럽 무대에서 유일하게 차지한 우승 트로피는 차범근이 뛰던 1979-80시즌에 들어 올린 UEFA컵이다.

Bayer 04 Leverkusen 바이엘04 레버쿠젠

창단연도

1904년 7월 1일

홈구장

바이아레나(30,210명 수용)

역대 한국인 선수	주요 우승 기록
차범근(1983~1989)	**DFB-포칼(1회)** I 1992-93
황선홍(1991) *2부	**UEFA컵(1회)** I 1987-88
차두리(2002~2004)	
손흥민(2013~2015)	
류승우(2014~2017)	

레버쿠젠은 제약회사 바이엘에서 일하던 노동자들의 요청으로 1904년 만들어진 기업 구단이다. 분데스리가에는 늦게 자리 잡았다. 1978-79시즌 2부 리그 우승으로 승격했다. 차범근이 뛰었던 1980년대, 강팀 이미지는 없었다. 레버쿠젠은 차범근을 영입하고 5시즌만인 1988년, UEFA컵을 차지했다. 레버쿠젠은 1990년대에 동독의 스타플레이어 옌스 멜지, 안드레아스 통 등을 영입하며 강팀으로 입지를 다졌다. 이후 2001-02시즌 미하엘 발락과 베른트 슈나이더를 중심으로 준우승 트레블을 달성해 강호 대열에 올랐다. '준우승 트레블 쇼크' 이후로 일시적인 부침도 있었다. 하지만 2000년대 후반부터 분데스리가 중상위권을 유지했다. 2013년부터 2015년 7월까지는 손흥민이 활약하며 한국 축구 팬들에게 더욱 친숙해졌다. 현재는 분데스리가 강호로 분류된다. 유럽축구연맹 챔피언스리그 단골 출전 팀이다. 레버쿠젠의 평판을 바꾼 결정적 한 방은 차범근 시대에 들어올린 UEFA컵이었다.

다름슈타트

분데스리가 **1**경기

*군복무 관계로 1경기
출전 후 재입대

프랑크푸르트

분데스리가 **122**경기 **46**골
통산 **156**경기 **58**골

레버쿠젠

분데스리가 **185**경기 **52**골
통산 **215**경기 **63**골

국가대표

1972태국아시안컵 대표
1978방콕아시안게임 대표
1986멕시코월드컵 대표
통산 **136**경기 **58**골

| 1978 – 79 | 분데스리가 1경기 |
| | **1경기** |

1979 – 80	분데스리가 31경기 12골
	유럽 대항전 11경기 3골
	DFB–포칼 4경기
	46경기 15골

1980 – 81	분데스리가 27경기 8골
	유럽 대항전 5경기 2골
	DFB–포칼 6경기 6골
	38경기 16골

1981 – 82	분데스리가 31경기 11골
	유럽 대항전 6경기 1골
	DFB–포칼 1경기
	38경기 12골

1982 – 83	분데스리가 33경기 15골
	DFB–포칼 1경기
	34경기 15골

1983 – 84	분데스리가 34경기 12골
	DFB–포칼 1경기
	35경기 12골

1984 – 85	분데스리가 29경기 10골
	DFB–포칼 3경기 4골
	32경기 14골

1985 – 86	분데스리가 34경기 17골
	DFB–포칼 4경기2골
	38경기 19골

1986 – 87	분데스리가 33경기 6골
	유럽 대항전 3경기 2골
	DFB–포칼 2경기 1골
	38경기 9골

1987 – 88	분데스리가 25경기 4골
	유럽 대항전 10경기 2골
	35경기 6골

1988 – 89	분데스리가 30경기 3골
	유럽 대항전 2경기
	DFB–포칼 5경기
	37경기 3골

정리 조현애 취엘

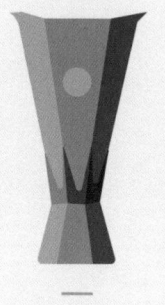

UEFA컵

2회

1979-80시즌, 프랑크푸르트
1987-88시즌, 레버쿠젠

DFB-포칼

1회

1980-81시즌, 프랑크푸르트

*독일축구협회 주관 대회로,
사실상 FA컵에 해당

메르데카컵

4회

1972년, 1975년, 1977년, 1978년

*1957년부터 2008년까지
개최되었던 국제축구대회

아시안게임

금메달

1978년

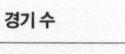

경기 수

분데스리가**308**경기
프로**372**경기

득점

분데스리가**98**골
프로**121**골

*경기당 득점 0.32골

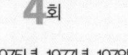

옐로카드

1

*분데스리가 기준
(레드카드는 없음)

페널티 킥

0

*프로 통산 페널티 킥 시도 없음

개인 수상

대통령 금배 고교축구대회 득점왕 (1970)
대한축구협회 선정 베스트XI
(1972, 1973, 1974, 1975, 1976, 1977, 1978)
대한축구협회 선정 최우수 선수 (1973)
체육훈장 기린장 수훈 (1975)
체육훈장 백마장 수훈 (1979)
〈키커〉 선정 분데스리가 베스트XI
(1979-80, 1985-86)
〈빌트〉 선정 분데스리가 베스트XI
(1979-80, 1985-86)
스페인 바르셀로나 주최 세계 올스타 (1980)

킥AIDS88 세계 올스타 (1988)
〈키커〉 선정 1980년대 분데스리가
외국인 선수 1위 (1989)
대한축구협회 명예의 전당 헌액 (2005)
아시아축구연맹 황금 공로상 (2010)
프랑크푸르트 레전드 베스트XI (2013)
국제축구역사통계재단 선정 세계 축구
레전드 48인 (2016)
대한민국 스포츠영웅 명예의 전당 헌액 (2017)
독일연방공화국 공로장 수훈 (2019)

분데스리가에서 활약한 10여 년 동안 차범근은 전설들과 함께 호흡했다.

리누스 미헬스
1928.02.09 ~ 2005.03.03
전 아약스, 바르셀로나,
네덜란드 대표팀, 레버쿠젠 감독

1974년 여름, '토털풋볼'이라는 명칭이 통용되기 시작했다. 사람들은 미헬스 감독의 네덜란드 대표팀이 펼치는 플레이 스타일을 그렇게 불렀다. 브라질 풀백 카를루스 아우베르투는 말했다. "전혀 다른 축구를 했던 유일한 팀이 1974월드컵의 네덜란드였다. 그 이후 축구는 대부분 비슷해졌다." 미헬스는 세계 축구인에게 축구 전술을 완전히 새로운 방식으로 고민하게 만들었다. 현대 축구의 개념을 제시했고, 축구의 패러다임을 바꾸었다. 1938년 이후 첫 메이저 대회 출전에서 네덜란드가 받아든 결과는 사상 첫 결승 진출이었다. 이미 그는 아약스에서 리그 우승만 4회를 일군 뒤였다. 1974년, 바르셀로나가 14년 만에 라리가 우승을 할 때도 미헬스가 있었다.
미헬스의 설계는 '페르소나' 요한 크루이프가 실행했다. 크루이프는 "미헬스의 가르침은 내가 축구 선수로 성장할 수 있는 뼈대였다"고 했다. 미헬스가 마지막으로 맡은 클럽이 레버쿠젠이었다. 차범근의 현역 마지막 시즌을 함께했다. 둘은 자주 대화하는 사이였다. 차범근은 북새통에도 큰 감독으로서 의연함을 잊지 않는 고상한 지도자라 기억했다. "썰물처럼 모두가 빠져나간 자리에 혼자 서 있곤 하던 바위처럼 큰 감독이었다."

칼 하인츠 루메니게
1955.09.15 ~
발롱도르 2회 수상,
현 바이에른뮌헨 회장

한때 바이에른뮌헨은 리그 10위 밖으로 추락한 적 있었다. 1977~78시즌에는 12위까지 떨어졌다. 그리고 2시즌 뒤 다시 정상으로 복귀했다. 1979~80시즌, 칼 하인츠 루메니게가 득점왕(26골)으로 떠오른 해였다. 루메니게는 파울 브라이트너와 '브라이트니게' 듀오를 형성하며 활약했다. 바이에른은 분데스리가 2연패에 성공했고, 루메니게는 2연속 득점왕(29골)에 올랐다. 1980년, 1981년 발롱도르는 그의 몫이었다. 루메니게는 이탈리아까지 영향력을 펼쳤다. 인테르 합류 2번째 시즌 만에 팀 내 리그 최다 득점자가 됐다. 사람들은 그를 '미스터 유럽(Mr. Europe)'이라 불렀다. 분데스리가에서 맞선 차범근은 루메니게를 당대 최고라 인정했다. "우리 시대 최고의 공격수는 루메니게였다." 은퇴 후에는 축구 행정가로 변신했다. 루메니게는 1998프랑스월드컵 도중 차범근이 경질되자 목소리를 높이기도 했다. 독일 일간지 〈타게스슈피겔〉에 그는 대한축구협회를 비판했다. "축구가 무엇인지 이해하고 있는 차범근 같은 인물을 경질했다. 이는 한국 축구가 아직 개발도상국 수준이라는 것을 보여주는 것이다."

케빈 키건
1951.02.14 ~
발롱도르 2회 수상,
전 맨체스터시티, 뉴캐슬유나이티드 감독

잉글랜드에는 발롱도르 수상자가 4명 있다. 스탠리 매튜스, 바비 찰턴, 마이클 오언, 그리고 케빈 키건이다. 그중 키건만이 발롱도르를 2회 수상했다. 1978년과 1979년 영예의 주인공이었다. 1977년에도 수상이 유력했다. 1976~77시즌 리버풀 소속으로 유러피언컵에서 보루시아묀헨글라트바흐를 3-1로 꺾고 우승할 때까지만 해도 그랬다. 희비는 팀 성적에서 갈렸다. 분데스리가 정상을 차지한 묀헨글라트바흐의 알란 시몬센이 발롱도르를 안았다. 키건이 이적한 함부르크는 6위로 시즌을 마쳤다. 리버풀에서 키건은 화려했다. 리그 우승 3회, FA컵 우승 1회, 유러피언컵 우승 1회, UEFA컵 우승 2회까지 일궈낸 뒤 함부르크로 향했다.
키건과 함께 함부르크는 새 시대를 열었다. 1979년, 구단 최초 분데스리가 정상에 섰다. 1979~80시즌에는 유러피언컵 결승까지 진출했다. 키건은 분데스리가 역대 최고의 외국인 선수 리스트에 빠지지 않는 인물이다. 1985~86시즌 '올해의 스타'로 선정된 차범근이 "수상자 명단을 훑어보면 기가 죽어 도리어 내가 뽑힌 게 누가 되지 않았나 하는 걱정을 금할 수 없다"고 했는데, 그 첫 번째로 거론한 이름이 키건이었다.

루디 펠러
1960.04.13 ~
전 베르더브레멘, AS로마 선수,
전 독일 대표팀 감독, 현 레버쿠젠 회장

루디 펠러는 독일, 이탈리아, 프랑스에서
모두 성공한 당대 최고의 스트라이커였다.
베르더브레멘 시절, 리그 137경기에
나서 97골을 넣는 폭발적인 득점력을
과시했다. AS로마에서는 코파이탈리아
우승과 UEFA컵 준우승을 경험했다.
올랭피크드마르세유에서는 '빅이어'까지
품에 안았다.
지도자로는 월드컵 준우승을 이끌었다.
2002년 한국에서. 차범근과는 8강전을
앞두고 울산문수경기장에서 재회했다.
16강 파라과이전을 본 차범근이 "지금까지
치른 경기 중에 가장 내용도 나쁘고,
선수들의 준비 상태도 나쁜 경우로 꼽겠다.
이런 경기는 한강 둔치에서도 볼 수
있다"고 해설한 뒤였다. 펠러는 "차범근이
레버쿠젠에서 뛸 당시 아스피린(바이엘
사의 두통약)을 너무 많이 먹은 것
같다"고 한 발언이 논란이 일자 사과했다.
"스트레스가 너무 많아 실수했다."
오해를 푼 펠러는 한국과 준결승을
앞두고 실시한 비공개 훈련에 한국인
한 명의 출입을 이례적으로 허락했다.
차범근이었다. 그는 레버쿠젠과 인연을
차범근보다 길게 이어가고 있다. 단장을
거쳐 2018년부터 회장을 역임 중이다.

요아힘 뢰브
1960.02.03 ~
전 프랑크푸르트 선수, 현 독일 대표팀
감독, 2014브라질월드컵 우승

차범근은 부상 이외의 이유로 주전에서
제외된 적이 없었다. 1981년, 첫 교체
사인이 떨어진 날의 충격을 1997년 발간된
에세이에서 기억할 정도다. "종료 10분을
남기고 교체 선수 신호가 나왔는데 내가
나와야 하는 것이었다. 순간 얼굴이
확 달아올랐다. 어떻게 걸어 나왔는지.
지금도 나는 기억이 없다." 요아힘 뢰브는
차범근이 교체만으로도 "워낙 쇼크가
컸던" 그해 프랑크푸르트에 입단했다.
언젠가 "요아힘 뢰브의 선수 시절은
어땠는가"라는 질문에 차범근이 "내 교체
선수였다"고 말한 이유다. 뢰브는 차범근
보다 열세 살이나 어린 유망주였다.
뢰브는 스위스에서 선수 생활을 마감하고
지도자의 길을 걸었다. 2006독일월드컵
후 위르겐 클린스만이 사임하자 감독으로
보직이 승격됐다. 여느 감독이라면
2018러시아월드컵 성적 부진을 이유로
해고됐을 것이다. 독일은 1무 2패, 조별
리그 최하위로 탈락했다. 하지만 뢰브가
쌓은 신뢰도는 높았다. 2009년부터 재능
있는 선수들에게 보인 꾸준한 믿음은
2010남아공월드컵 3위, 유로2012 4강,
그리고 2014브라질월드컵 우승으로
이어졌다. 준결승에선 브라질을 7-1로
꺾으며 메이저 대회 역사상 가장 충격적인
승리를 만들기도 했다.

로타어 마테우스
1961.03.21 ~
발롱도르 1회 수상,
전 바이에른뮌헨, 인테르 선수

1980년 5월, 묀헨글라트바흐는 UEFA컵
2연패를 눈앞에 두고 있었다. 신예
로타어 마테우스는 결승 1차전에서
득점을 올렸고, 팀은 3-2 승리를 거뒀다.
하지만 2차전에서 "허벅지 근육밖에
보이지 않았던" 상대를 막지 못했다.
프랑크푸르트의 차범근이다. 차범근은
결승골을 어시스트했다. 원정 다득점 우선
원칙에 밀린 묀헨글라트바흐는 우승을
놓쳤다.
마테우스가 첫 정상을 맛본 건 그로부터
4시즌 뒤 일이다. 바이에른뮌헨에
합류하자마자 분데스리가 우승을
이끌었다. '브라이트니게' 콤비의 해체로
3시즌 연속 우승과 멀어져 있었던
바이에른은 마테우스 합류 이후 다시
분데스리가를 지배하기 시작했다. 그가
활약한 4시즌 동안 리그 우승만 3회를
했다.
마테우스는 2000년 은퇴할 때까지 독일
국가대표로 150경기를 뛰었다. 독일 역대
최다 경기 출전 기록 보유자가 그다.
월드컵 본선 최다 출장(5회) 기록을 가지고
있기도 하다. 우승은 1990년 이탈리아에서
경험했다. 1990년 발롱도르는 마테우스
몫이었다. 1991년, 처음으로 제정된 FIFA
올해의 선수상도 마테우스에게 돌아갔다.

차범근은 축구선수 광고 모델 시장을 열었다. 2000년대 박지성,
2010년대 손흥민보다 편수도 많고, 영역도 다양하다. 연기도 좋다.

정리 **이종현** 사진 **광고캡쳐**

"내가 봐도 힘이 나오겠다"

내본으로 거는 대표 국제전화
00700
www.00700.com

맨땅에 헤딩

우루사

도서
에세이1 〈슈팅 메시지〉
에세이2 〈그라운드 산책〉 (1997)

광고
1970's
해태음료 팝오렌지
대한가족계획협회
남양유업 요구르트

1980's
선경화학(현 SKC)
바이엘 제약
피어리스 맨88스킨로션
동부대우전자 베타맥스VCR
베링거인겔하임 멕살겔 연고

1990's
매일유업 1등급 우유&바이오거트
서광모드 보스렌자 양복
삼성전자 센스 노트북

2000's
SK텔링크 국제전화00700
폭스바겐

2010's
대웅제약 우루사
넥슨 피파온라인4
오비맥주 카스

드라마&다큐멘터리
맨땅에 헤딩(MBC, 2009)
브라질 2014 특집다큐(SBS, 2014)

*차범근은 오랜 기간 대중에 다양한 방식으로 사랑받았다. 그의 대표작만 간추렸다.

한준희 Hahn June Hea

KBS 축구해설위원

한준희는 차범근의 현역 생활을 지켜본 마지막 세대다. 그는 차범근이
1970~80년대에 단순한 축구선수가 아닌 문화 현상이라고 말한다.

인터뷰 이종현 사진 FAphotos

**1970년 생으로 차범근의 현역 시절을 기억하는 세대입니다. 당시
'축구선수' 차범근을 어떻게 기억하나요?**

차범근은 당대의 문화 현상이었어요. 요즘 손흥민이 잠깐 한국에
들어오면 CF 몇 개씩 찍는 일명 CF 황제라고 할 수 있잖아요? 당시
손흥민이 바로 차범근이었어요. 그때는 방송 채널도 몇 개 없고 광고
홍수의 시대도 아니었어요. 신문 지면이나 텔레비전 광고도 얼마
안 됐는데, 축구선수가 CF를 찍었다면 그 자체가 엄청난 거라고
볼 수 있죠. 1970~80년대를 수놓은 남자 스포츠 스타가 있잖아요.
배구의 강만수, 농구의 이충희, 야구의 최동원, 그중에서도 스포츠
분야에서는 차범근이 가히 톱이라고 할 수 있어요. 분데스리가로
진출하기 전부터 이미 레전드였죠.

**분데스리가로 진출하기 전에 이미 슈퍼스타 반열에 오를 수
있었던 이유는 무엇일까요?**

차범근이라는 문화 현상을 증폭시킨 게 1976년 대통령 배
국제축구선수대회 개막전이라고 생각해요. 개최국 한국은 홈에서
말레이시아와 극적으로 비겼어요. 1-4로 지고 있었는데, 그때
차범근이 경기 종료 직전 6분여 만에 해트트릭을 기록하면서 한국을
구했죠. 그때는 인터넷도 없었고, 텔레비전도 네다섯 집에 한 대
있을까 말까 한 시절이었어요. 그때는 스포츠가 죽고 사는 전쟁같은
문제였어요. 그러니 국내에서 하는 대통령 배 축구가 얼마나
중요했겠어요? 그 경기가 차범근 전체 커리어 중에서도 굉장히
중요했다고 생각해요.

**클럽 활약과 달리 국가대표 활약이 상대적으로 미미하다는
평가도 있어요.**

아시아 최고의 공격수 계보를 이었던 분이었어요. 차범근은 아시아
대회에서 항상 빛났어요. 다른 아시아 국가에서도 차범근을
탈아시아 실력이라고 인정했죠. 다만 차범근이 활약했을 때는
우리가 월드컵에 못 나갔던 시기(1955~1985년)와 겹쳤고,
1986멕시코월드컵 때는 노장(만 33세)이었기 때문에 그의 활약을
월드컵에서 찾긴 어려워요. 그래도 국가대표로 이룬 업적은 커요.

유럽 진출이 당시 모두의 환영을 받은 것은 아니었다던데요.

당시에는 기본적으로 해외로 나가 일하는 것 자체가 어려웠어요.
지구촌에 여러 가지 정치적인 이유도 있고, 사회적으로도 해외여행
자율화가 된 게 1989년이었어요. 1970~80년에는 해외로 나가는 게
외교관이나 대기업 제품 수출을 위해 나가는 주재원, 국제 대회에
참가하는 운동선수 정도의 극소수 국민에게만 주어진 특권이었죠.
선수들의 유럽 행을 지지하는 요즘과 달리 당시는 해외로 나가면
대표팀과 인연이 끊겼어요. 외국 나가면 대표팀과 멀어지는 사회적
시각이 있었던 것 같아요. 지금처럼 비행기로 빠르게 왔다 갔다 할
수 있는 시절이 아니었어요. 우리만 그런 게 아니라 다른 나라들도
그랬던 것 같아요. 차범근에 조금 앞서 분데스리가에 진출해 10여 년
뛰었던 일본의 오쿠데라 야스히코(일본대표팀 통산 32경기 9골)가
예죠. 차범근 역시 아이러니하게 독일에서 좋은 퍼포먼스를 뽐낼
때는 오히려 대표팀에서 뛰지 못 했어요. 1986멕시코월드컵 예선도

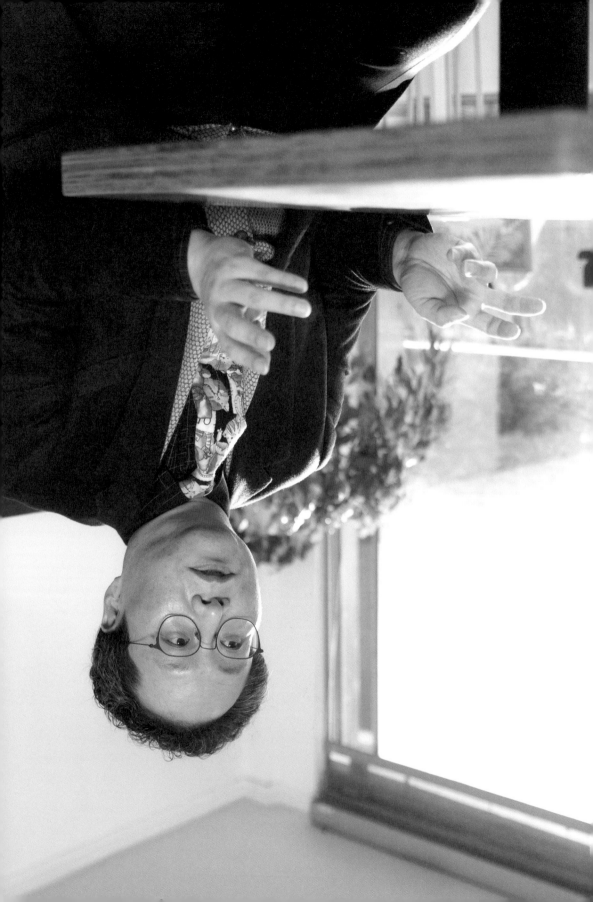

뛰지 않았고, 본선에만 3경기 출전했죠. 환경적, 제도적, 사회적, 문화적, 비행 시스템 등에 문제가 있으니 차범근이 국가대표 실적이 부족한 것을 부정적으로 이야기하면 안 된다고 생각해요. 지금 같이 왕래가 쉽고 분위기가 좋았다면 A매치도 150경기 정도는 거뜬하게 뛸 수 있지 않았나 싶어요.

시간이 지나면 기억이 흐릿해져요. 지금 그의 가치가 잊히는 측면도 있는 것 같습니다. 그럼에도 '축구선수' 차범근은 왜 제대로 평가받아야 할까요?

가장 기본적인 이유는 탈아시아급 실력이죠. 기본적으로 가지고 있는 피지컬 자체가 '넘사벽'이에요. 또 축구선수 차범근을 높게 평가할 요소가 있어요. 분데스리가에 20대 중후반의 늦은 나이에 간 거죠. 손흥민이나 이강인처럼 어린 나이에 유럽에 건너간 유럽파와는 차이가 있어요. 한국에 제대로 된 축구 교육도 없는 원시적인 시절에 자체적으로 기본기를 갖추고 완성된 선수로 성장해 유럽에 나갔다는 사실 자체가 믿기지 않아요. 단순히 유럽 진출이 아니라 10년 동안 좋은 활약을 보여줬으니 정말 놀랍죠.

1970~80년대를 분데스리가의 전성기로 표현하는 경우가 꽤나 많아요.

아마 잉글랜드가 그 의견에 반론을 제기할 것 같네요. 당시 유러피언컵(현 챔피언스리그) 우승은 잉글랜드가 많이 했으니까요. 케빈 키건, 케니 달글리시의 리버풀이 있었고, 여기에 브라이언 클러프의 노팅엄포레스트가 깜짝 2년 연속 우승을 차지하기도 했죠. 심지어 애스턴빌라가 챔피언이 되기도 했어요. 차범근이 활약했던 시기에는 분데스리가가 UEFA 랭킹 지수 1위였어요. 유러피언컵은 잉글랜드 팀이 우승을 많이 했는데, FA컵 우승팀끼리 맞붙는 컵위너스컵과 UEFA컵(현 유로파리그)에서 독일 구단이 포인트를 많이 땄어요. UEFA컵 4강을 전부 독일 팀이 차지한 시즌도 있었으니까요. 차범근의 선수 커리어 후반기에는 이탈리아 세리에A로 헤게모니가 넘어가요. 전반적으로 분데스리가가 좋았던 시기에 차범근이 독일에 진출했던 건 분명해요.

차범근이 뛰었던 두 구단이 차범근을 레전드로 대우하는 이유는 무엇일까요?

차범근이 뛰었던 당시 UEFA컵은 지금의 유로파리그에 비해서 수준이 높은 대회였어요. 유러피언컵, 컵위너스컵에 출전하는 한 팀씩을 제외하고 나머지 팀이 다 UEFA컵에 나갔죠. 당연히 지금보다 밀도가 높고 우승하기 어려웠어요. 강팀도 많았고요. 항상 리그 우승을 할 수 있는 게 아니었기 때문에 레알마드리드도 종종 UEFA컵에 나서기도 했죠. 프랑크푸르트는 전통이 깊고, 독일의 스타플레이어를 여럿 배출한 팀이에요. 심지어 1960년에 알프레도 디 스테파노와 페렌츠 푸스카스의 레알과 챔피언스리그에서 자웅을 겨루기도 했어요. 그 정도의 역사와 전통이 있는 팀이지만 2020년 현재까지 프랑크푸르트가 차지한 유럽 무대 우승 트로피는 차범근 시절에 들어 올린 UEFA컵이 유일해요. 차범근은 전통은 있지만 우승은 하지 못한 팀에 트로피를 안겼어요. 레버쿠젠은 오늘날 리그 성적도 좋고 챔피언스리그에 단골로 출전해요. 심지어 미하엘 발락이 있던 2002년에는 준우승 트레블을 거두기도 했어요. 하지만 차범근이 이적했을 때만 하더라도 지금의 강팀 이미지는 아니었죠. 그런 구단에 UEFA컵을 선물했다는 건 의미 있는 업적이에요. 오늘날 레버쿠젠이 명문 구단으로 존재하는 데 결정적인 디딤돌을 놓은 게 아닌가, 감히 평가해요.

다른 이야기지만, 지금의 다름슈타트 팬들은 고작 1경기 뛴 차범근을 기억한다고 들었어요.

차범근은 군대 문제로 다름슈타트에서 한 경기만 뛰고 한국으로 돌아왔어요. 그런데 다름슈타트 팬들은 차범근이 교체 출전한 장면을 '역대급 모먼트'로 기억하고 있다고 하네요. 다름슈타트는 냉정히 말해 프랑크푸르트나 레버쿠젠보다 못한 팀이기 때문이죠. 차범근은 프랑크푸르트와 레버쿠젠의 레전드인 데다가 분데스리가에서 10년 동안 잘했던 선수예요. 그래서 다름슈타트에서는 지금도 '저 선수가 우리 팀에 와서 한 경기 뛰었어!' 이런 이야깃거리로 남았다고 해요. 예를 들어 K리그 어떤 팀이 나중에 손흥민을 10분이라도 뛰게 한다면 그 장면이 오랫동안 그 구단과 팬들에게 회자되지 않을까요?

차범근의 활약을 구전이나 구술로만 들었어요. 영상이 많이 남아 있지 않아요.

제가 세어 보지는 않았는데, 차범근이 선수로 뛴 풀 경기를 대략 40~50경기는 본 것 같아요. 당시 방송사들이 비디오테이프를 다 재활용했기 때문에 국내에서 차범근의 분데스리가 경기를 중계했던 영상이 제대로 남아 있지 않아요. 요즘 기준이면 손흥민의 토트넘홋스퍼, 심지어 함부르크 데뷔골까지 볼 수 있을 텐데, 그런 면에서는 아쉬움이 있죠.

현역 시절 많은 경기를 지켜봤을 때 그는 어떤 스타일이었나요?

일단 윙포워드로 폭발성이 있었죠. 당시 국내 선수의 최대 약점은 국제대회만 나가면 몸싸움이 되지 않는 것이었는데, 차범근은 상대 선수를 튕겨낼 정도로 체격이 좋았어요. 단지 빨랐던 것을 넘어 발재간과 기본기도 좋았어요. 퍼스트 터치도 훌륭했어요. 손흥민에 비해서 차범근이 나은 점이 있어요. 차범근은 멀티 플레이어로 보여준 게 많아요. 윙포워드는 물론이고, 당시 기준으로 큰 신장(179cm)을 갖춘 데다가 몸싸움도 안 밀리니까 센터포워드로도 뛰었어요. 시야가 좋고 동료를 도울 수도 있는 선수여서 공격형 미드필더 역할도 종종 소화했죠. 독일에서 세 가지 포지션을 다 뛰었어요. 다재다능한 선수로 기억해요.

독일에서 신사적인 선수였다고 들었어요.

제가 축구선수 차범근을 높게 평가하는 것 중 하나가 독일에서 뛴 10년 동안 퇴장이 한 번도 없다는 사실이에요. 심지어 경고도 단 한 장뿐이었죠. 차범근이 공격수인데 상대 수비수들이 거칠게 안 막았겠어요? 심지어 차범근에게 치명적인 부상을 입힌 수비수도 있는데, 나중에 레버쿠젠에서 같이 뛰기도 했죠. 당시에는 외국에 나간 한국 사람 자체가 얼마 되지 않았어요. 그나마 서독에는 돈을 벌기 위해 정부 차원에서 광부나 간호사가 파견됐기 때문에 교민 사회가 형성돼 있었죠. 저는 차범근이 '내가 민간 외교관이다. 파독

교민도 있는데 한국 망신시키면 안 된다. 모범을 보이자'라는 의식이 분명히 강했을 거라고 확신해요. 그래서 강한 파울에도 보복을 안 한 게 아닌가 생각해요.

축구선수 차범근, 어떤 의미가 있을까요?

〈포포투 코리아〉 류청 편집장이 "차범근은 광개토대왕이고, 박지성은 장수왕, 손흥민은 아이언맨"이라고 표현했는데, 정말 크게 공감해요. 광개토대왕이 개척을 했고, 아들 장수왕이 영토를 더 넓혔던 역사로 비추어 보면 비슷한 구석이 있어요. 한국 축구가 발전하는 데 많은 분이 고생했겠지만, 차범근에게 빚을 지고 있다는 건 확실해요. 여행 다닐 수도 없는 시절에 혈혈단신으로 장구한 시간 동안 거친 구단마다 우승컵을 들며 큰 업적을 남겼고, 늦은 나이에 간 것치고 121골로 성과도 좋았어요. 차범근을 아는 해외평론가는 아직도 그래요. 역대 아시아 최정상급 선수라고요. 당시 국내 기업의 인지도가 지금처럼 높지 않았고, 우리나라에서 올림픽도 열기 전이어서 독일에서 한국을 거의 알지 못했을 텐데, 차범근은 오로지 기량으로 입증했어요. 우리가 상상하는 것보다 훨씬 어려운 시절에 무에서 유를 창조한 한국 축구의 '선구자 오브 선구자'가 아닌가 싶어요.

미하엘 뮐러 Michael Müller

분데스리가 키드 / 대한축구협회 기술발전위원장

미하엘 뮐러는 분데스리가 출범 무렵인 1965년 독일 서부
지역에서 태어났다. 그는 스스로 분데스리가와 "엮여 있다"
라고 말한다.

인터뷰 이종현 사진 이연수

가벼운 질문으로 시작하죠. 응원하는 분데스리가 팀이 있나요?
쉬운 질문이 아닙니다.(웃음) 저는 독일 서부 지역에서 태어났어요.
사실 이 지역에는 두 팀밖에 없죠. 그래서 이 지역 인구의
40%는 샬케04를 좋아하고, 40%는 보루시아도르트문트를
응원해요. 나머지 중 10%는 바이에른뮌헨을 선호하죠. 강한
팀이기 때문이에요. 저는 샬케를 좋아해요. 1970년대 강팀이었던
뮌헨글라트바흐의 플레이 스타일을 눈여겨보기도 했어요.

독일 사람들에게 분데스리가는 어떤 의미인가요?
분데스리가는 제 삶의 일부예요. 1963년에 분데스리가가
출범했는데, 전 1965년생입니다. 태어날 때부터 분데스리가와
하루하루 같이 살아왔기 때문에 엮여 있다고 할 수 있죠. 독일
사회에서는 축구가 하루의 일과이면서 특별한 부분이에요. 매
경기 4만 명이 넘게 경기장을 찾는 이유죠. 독일 인구 절반 이상은
본인이 굉장히 좋아하는 구단이 있어요. 독일에서는 '남자는 여자와
결혼하지만, 응원하는 팀과도 결혼한다'라고도 표현해요. 내 팀에
강한 애착이 있죠.

독일 사람들은 왜 그렇게 축구에 열광하나요?
독일 축구의 전통을 간단하게 설명하긴 어려워요. 한 가지 말할 수
있는 건 독일이 분데스리가를 현명하게 운영해왔다는 사실이죠.
축구는 단순한 스포츠가 아니라 거대한 이벤트이면서 글로벌

스포츠로 성장했어요. 거기에 따라서 돈이 흐르는 마켓도 확대됐죠. 이런 시점에 독일은 사회적 기반에 투자를 많이 했어요. 현재 독일 축구팀들은 아름다운 구장을 소유하고 있어요. 관중이 가까이서 축구를 즐길 수 있어요. 거기에서 오는 경험의 임팩트가 굉장히 커요. 경기 자체도 빠르고요. 경기장에 가면 팬들의 함성이 엄청나게 커요. 축구를 좋아하지 않는 사람도 분위기에 압도되고 닭살이 돋을 정도로 감동적인 경험을 해요. 그런 부분들이 독일 사람들이 축구장을 찾는 이유가 아닐까 싶네요. 이제 분데스리가에서 지향하는 타깃은 단순히 축구 팬이 아니에요. 축구는 사회의 한 부분으로 성장했어요. 독일에서 축구를 즐기는 건 사회생활이며 삶의 일부분이에요.

독일이 축구를 즐기는 것을 넘어 세계 축구를 이끄는 사회적, 문화적 이유가 있을까요?

독일(당시 서독)은 2차 세계 대전 이후인 1954스위스월드컵에서 우승했어요. 이게 국민에게 큰 영감을 줬어요. 축구가 발전하는 데 강한 연료가 됐죠. 이후 우리는 1974서독월드컵에서도 우승했어요. 독일 국민은 정신적으로 포기하지 않고 계속 싸워나가는 기질이 있어요. 구조상 독일에서는 클럽에서 축구 하는 데 큰 비용이 들지 않아요. 국가 차원에서 지원해주는 덕분에 저렴한 가격에 승리욕 있는 아이들이 축구를 경험할 수 있어요. 클럽은 아이들을 아끼고 사랑하며 자격증이 있는 좋은 지도자를 보유하고 있죠. 독일에서는 어딜 가든 크기가 다양한 축구장이 있어요. 친구들과 자유롭게 팀을 나눠서 언제든지 축구 할 수 있는 환경이죠.

분데스리가는 특히 1970~80년대에 가장 강한 리그라는 평가를 받기도 했습니다.

그 의견에 동의하지 않아요. 왜 분데스리가가 1970~80년에만 강했나요? 1990년대, 2000년대에도 분데스리가는 뛰어났어요. 2019-20시즌 챔피언스리그 우승팀이 어디죠? 준결승에 라이프치히도 올라가지 않았나요? 2014브라질월드컵은 누가 우승했죠? 2006독일월드컵 3위, 2002한일월드컵 준우승을 누가 했는지만 봐도 독일은 항상 강했다는 사실을 알 수 있어요.

1970~80년대 분데스리가 경기장의 풍경은 어땠나요?

제가 태어난 곳이 도르트문트 구장 근처여서 종종 경기장을 찾았는데, 굉장히 텐션이 올라가고 흥분되는 분위기였어요. 당시는 정말 축구를 광적으로 좋아하는 사람이 많았던 시기예요. 더비

매치가 열리면 유혈사태가 날 정도였죠. 차가 불에 타고, 생존을 걱정할 정도로 흥분의 도가니였어요. 요즘에는 팬들이 경기장에서 파티하는 느낌이에요. 당시에는 축구장에 편의시설은 없었고, 단순히 축구에만 집중하는 공간이었어요.

당시 프랑크푸르트와 레버쿠젠의 경기도 직관했나요? 실제로 차범근의 플레이를 봤는지도 궁금합니다.

차범근을 포함한 모든 유명 선수를 봤어요(웃음). 차범근은 스트라이커로 득점을 굉장히 잘하는 선수였어요. 팀을 위한 희생도 많았지만 득점하겠다는 신념도 강했죠. 제 기억에는 정말 빨랐고, 상대 공격 지역에서 굉장히 위협적이었어요.

분데스리가에는 일찍이 아시아나 다른 유럽 국가 출신 선수들이 뛰었습니다. 그래서 축구의 세계화에 가장 앞장섰다는 평가도 있습니다. 최근 분데스리가 레전드 네트워크 앰버서더도 임명했고요.

축구는 이제 자본시장이며 세계화되고 있어요. 발맞춰가는 게 맞습니다. 그런 의미에서 분데스리가의 글로벌 앰버서더 임명은 좋은 아이디어라고 생각해요. 한 가지 강조하고 싶은 건 차범근이나 오쿠데라 야스히코가 단 1년 반짝했다고 앰버서더에 오른 게 아니라는 거예요. 10년 동안 좋은 기량을 보여줬기 때문이죠. 독일에서는 국적이 중요하지 않아요. 축구로 증명하면 축구선수로 가치를 인정받을 수 있어요. 당시 제가 기억하는 차범근은 겸손하고 의지가 강했고, 사회성도 좋았어요. 물론 지금도 그렇고요. 그런 관점에서 분데스리가는 아시아뿐만 아니라 전 세계를 대상으로 상품화를 잘했다고 생각해요.

한국에서 생활한 지 어느덧 2년이 됐습니다. 분데스리가에서 한국 선수들을 선호하는 이유가 무엇이라고 생각하나요?

한국인은 어느 정도 독일 사람과 유사한 측면이 있는 것 같아요. 정리를 중요하게 생각하고, 어떤 일이든 완벽하게 하려는 기질이 비슷해요. 한국 선수는 아시아에서 기량이 돋보여요. 더 잘할 수 있는 가능성을 갖춘 선수가 많다고 봐요.

송기룡 Song Ki Ryong

1세대 사커 키드 / 대한축구협회 심판운영실장

과거 축구를 취재하다가 막히면 송기룡 대한축구협회 심판운영실장을 찾는다. 그는 항상 팬과 전문가 사이를 유려하게 오간다.

인터뷰 류청 사진 이연수

어렸을 때부터 축구를 좋아했다면서요. 차범근 경기도 많이 봤나요?

초등학교 3학년이었던 1973년부터 관심 갖고 축구를 봤어요. 대표팀 경기는 다 중계를 했기에 웬만하면 다 보려고 했죠. 1980년대 초반까지는 국내에서 그래도 매주 녹화 중계를 해줬는데, 1984년부터는 제대로 중계를 안 했어요.

차범근은 고등학교 3학년 때 국가대표 데뷔를 했어요.

들어오자마자 완전히 대표팀의 독보적인 스타는 아니었던 거 같아요. 당시에는 노장이던 이회택, 박이천이 팀 주축이었어요. 1974년 되니까 완전히 주전이었고, 1975년부터 1978년까지는 차범근을 능가하는 사람이 없었어요. 기록을 보면 A매치 50경기 이상 연속 출전했어요. 국민 중에 차범근을 모르는 사람이 없었고, 축구, 하면 차범근이었어요. 국내 전성기였죠. 1970년대 후반부터 외국팀이 한국에 와서 경기하면, 외국 감독들이 '차범근은 유럽에 가서 통할 거다'라는 평가를 하기 시작해요. 1978년 제1회 재팬컵에서는 보루시아뮌헨글라트바흐 감독이 "저 정도면 충분하다"고 했죠. 그래도 모든 게 다 좋을 수만은 없는 게, 지금도 손흥민과 박지성의 약점을 이야기하잖아요. 당연히 차범근의 약점을 말하는 사람도 있었어요.

언급된 약점은 무엇이었나요?

세밀한 플레이와 발재간은 김진국, 허정무, 이영무가 낫고, 패스는 조광래가 낫다는 이야기부터 몸싸움을 싫어하고 헤딩이 약하다는 이야기, 너무 순해서 승부 근성이 떨어진다는 비난도 있었죠.

개인적으로는 어떻게 봤나요?

진짜 빠르고 묵직한 슈팅을 날린다고 생각했어요. 2015호주아시안컵 8강전에서 차두리가 우즈베키스탄 진영을 50m 돌파 한 후 손흥민에게 어시스트를 했어요. 사람들이 진짜 놀랐죠. "우와 대단하다!" 차두리는 몇 년에 한 번씩 그걸 보여 주잖아요. 차범근은 그런 걸 매 경기 보여주니까… 우리가 축구 보는 수준이 아주 높진 않았을 때지만, 빠르고, 슈팅 잘 때리는 호쾌한 맛에 스트레스도 해소되고 그래서 좋아했던 거 같아요. 1972년 〈대한뉴스〉를 보면 메르데카컵 결승에서 50m 달려서 골을 넣는 게 있어요. 그걸 한 번 보셨으면 좋겠네요.

분데스리가 진출할 때는 분위기가 어땠나요?

유럽 가는 건 상상 못 하던 시절이었어요. 실력이 그 정도라는

이야기는 들었지만, 막상 가니까 놀랐죠. 분데스리가는 당시 최고 리그였고, 발롱도르 수상자도 많았어요. 반대 여론도 엄청 컸어요. 30% 정도요. 특히 축구계에서는 대표팀이 약해질까 걱정했죠. 안 그래도 월드컵 못 나가는데 대표팀에 못 오면 대표팀이 더 약해진다고 봤어요. 국부가 유출된다는 이야기도 있었죠(웃음). 한국에서 축구붐을 일으켜야 거기서 잘하면 우리에게 돌아오는 게 뭐가 있냐는 식의 폄하도 일부 있긴 했어요. 한국 축구가 시시해 보이니 분데스리가가 틀어주지 말라던 시절이에요.

요즘 기준으로는 상상할 수 없는 분위기네요.

일단 대표팀에 못 왔어요. A매치데이가 정해진 것도 아니고, 차출 의무도 없었어요. 1982스페인월드컵 예선 때는 부르려고 했는데, 그쪽에서 굳이 보낼 필요가 있냐고 했죠. 국내에서도 조직력이 중요한데, 악영향만 준다는 의견이 있었어요. 코칭스태프도 걱정을 했죠. 1986멕시코월드컵도 본선 가니까 왔어요.

여론 이야기가 나오니 확인하고 싶은 게 있어요. 차범근 관련해서 안 좋은 기사가 많았다던데, 정말 그랬나요?

악의적인 기사라기보다는 부정적인 인식을 갖게 하는 기사는 있었어요. '몇 경기째 무득점' 지금도 가끔 이런 식으로 기사가 나오지 않나요? 금전적인 문제로 고생하고 있다는, 그런 류의 기사도 가끔 나왔어요. 본인은 힘들었을 수 있죠. 중계가 없는 시점이 되면서 관심도 줄어들었죠. 기사도 단신으로 나왔고, 경기를 직접 보지 못하니 기자도 자세하게 쓰기 어려웠어요. 차범근이 직접 쓴 〈슈팅 메시지〉라는 에세이를 보고 동정을 파악하는 수준이었어요.

손흥민보다 훨씬 어렵게 골을 넣었다는 이야기도 있어요.

맞아요. 프랑크푸르트는 지금 토트넘처럼 공격을 세게 하지 않았고, 당시 분데스리가는 팀 간 실력 차가 크지 않았어요. 또 어시스트를 많이 받는 손흥민 같은 환경이 아니었죠. 스트라이커를 보면서도 측면으로 많이 나가는 역할이라 슈팅할 기회가 많지 않았어요.

국내에서 축구 보는 재미는 있었나요?

프로 축구가 없던 1982년까지 국내 축구는 극소수 마니아 아니면 접하기 어려웠어요. 일반 사람들은 대표팀 경기를 주로 봤어요. 중계로 1978아르헨티나월드컵 보다가 한국 대표팀 경기 보니까 수준 차이가 나더라고요. 중계 캐스터도 "월드컵으로 눈이 높아진 한국 팬들에게 어떻게 보일지 모르겠지만"과 같은 말을 했으니까요.

분데스리가가 중계 전에는 국내 경기라도 결승전이면 만 명 이상 들어왔어요. 그런데 중계 이후에는 결승전 관중이 몇 천 명대로 확 줄어요. 〈월간 축구〉에 '국내 축구 왜 이리 안 되나', 이런 기사가 나오기 시작해요.

그랬군요. 1979년부터 1989년까지, 차범근은 어떤 의미였나요? 개인적인 차원에서요.

함부르크 상대로 한국 선수가 휘젓고 다니니까 '이렇게 잘하는 선수였나?'라는 생각이 들었어요. 매주 월요일, 분데스리가가 녹화 방송을 했는데, 프랑크푸르트가 아니면 갑자기 맥이 탁 풀려요. 당시엔 어느 팀 경기를 중계하는지 몰랐어요. 프랑크푸르트가 나오면 신났어요. 어쨌든 차범근이 나왔으니까요. 선발 제외 그런 건 없었어요. 프랑크푸르트 경기가 아니면 캐스터도 "송구합니다. 그래도 즐겨주세요"라고 했죠.

사회적으로도 의미가 컸겠네요.

소위 '국뽕'은 그때가 훨씬 더 컸을 거예요. 지금은 여러 분야에서 잘하는 한국인이 많지만, 당시에는 최고 레벨에서 활약하는 이가 차범근밖에 없었어요. 골 넣으면 전광판에 한글로 차범근이라고 나오고, 독일 교민들이 그걸 보며 설움을 잊었다는 이야기도 많이 나왔어요. 또 하나 기뻤던 것은 1980년대에 바르셀로나 대 세계 올스타 경기 명단에 차범근이 들어갔다는 점이에요. 한국 선수로 최초였죠. 요한 크루이프도 같이 뛰고 그랬어요. 한국에서도 녹화로 보여줬어요. 그리고 뜻은 모르지만 독일 아나운서가 차범근을 자주 언급하더라고요. 당시에는 자존감을 느낄 수 있는 게 없었어요. 우리가 월드컵도 못 나가는 상황에서 뿌듯함이 컸죠.

그 활약을 제대로 본 사람은 거의 없는 거 같아요.

아쉬운 건 1984년부터 분데스리가가 중계를 안 했어요. 차범근이 골을 가장 많이 넣은 게 1985년, 1986년인데 아쉽죠. 게다가 1986멕시코월드컵에서 잘했지만, 우리가 기대한 만큼은 아니었어요. 기대가 커서 비판도 많았죠. '잘한다더니 아르헨티나 만나니 힘을 못 쓰더라' 그런 식이죠. 그래도 한국 선수 중 가장 잘하고, 가장 안정적이었어요. 다른 선수들은 어쩔 줄을 몰랐어요. 노는 물이 확실히 달랐어요. 지금도 차범근 수준을 두고 논쟁을 하던데, 저는 발롱도르 후보가 될 수 있었다면(*1994년까지는 유럽 국적 선수만 대상였다) 최종적으로 10위 안에 들어가지 않았을까 생각해요. 전성기 기준으로요. 전성기에는 리그 최고 수준이었어요. 팀 수준은 박지성, 손흥민네 팀만 못했지만요.

스타플레이어 차범근(24)이 전격
일 하오 3시 공군사관학교 교회에
양과 화촉을 밝혔다.
김상협 전고려대총장의 주례로 b
혼식에는 김윤하대한축구협회장을
구인들과 동료후배선수 그리고 공
지등 5백여명이 모여 두사람의 장
었다.
사진은 동료대표선수들의 축하속

기억은 왜곡되거나 미화되지만, 기록은 그대로다. 그 시절, 많은 나라의 여러 매체가 차범근을 관찰하고 기록했다. 다양한 시선을 모으니 당시 차붐이 조금은 더 선명하게 보인다.

———

정리 류청, 조형애
번역 김동현, 홍용일(이상 일본어)
자료 월간 축구(현 베스트일레븐), 동아일보, 조선일보(이상 한국), 키커, 디 자이트(이상 독일), 프랑스풋볼(프랑스), 사카 매거진, 일레븐(이상 일본), 더 타임스(영국)
사진 차범근 소장본, 게티이미지코리아

대표팀은 초비상, 결혼 작전은 초스피드

〈월간 축구〉 1977년 2월호

1977년은 한국 축구와 차범근에게 중요한 해였다. 한국은 1978아르헨티나월드컵 본선 진출을 위해서 아시아·오세아니아 지역 예선을 통과해야 했다. 〈월간 축구〉는 표지에 "화랑(대표팀) 2월 27일 텔아비브 격전, 준비 완료"라는 비장한 문구를 넣었다. 커버 사진 분위기는 사뭇 달랐다. 활짝 웃는 차범근이 양복을 입고 있다. 차범근은 1월 7일 공군사관학교에서 오은미 씨와 결혼식을 올렸다. 내용도 이스라엘 경기 준비 상황과 차범근 결혼식 취재로 채워져 있다. 결혼식 사진에는 낯익은 얼굴이 많이 보인다. 허정무, 조광래가 눈에 띈다. 오은미 씨 인터뷰도 길게 실렸다. 오은미 씨는 차범근이 "맹렬한 전화 공세"를 펼쳤고, 데이트는 "먹는 걸로 끝났다"고 설명했다. 스타의 아내로 사명감을 느낀다는 오은미 씨가 차범근이 "35세까지 선수 생활"을 할 거라 예상한 부분도 눈에 들어온다. 정리하면 대표팀은 이스라엘전을 앞두고 초비상이었고, 차범근은 결혼 작전을 초스피드로 진행했다.

제11회 월드컵 아시아 2 조예선

花郎, 강적

이스라엘 격침

한국 3 - 1 이스라엘

차범근의 선제골···전반 22분 H B박상인의 패스와 페날티에리어 왼쪽선상에서 이영무와 주고받은 2대1 패스로 이스라엘 수비 2명(중앙) 사이로 후(왼쪽에서 두번째)의 왼발슈팅이 작렬해 선제골이 성공되고 있다. 이스라엘 GK소리노프가 스라이딩했으나 미치지 못하고 있다.

화랑(花郎), 강적 이스라엘 격침 "찬스다! 상대 수비는 찌그러졌다"

〈월간 축구〉 1977년 4월호

2월 이스라엘 원정에서 0-0으로 비긴 대표팀은 3월 27일 서울운동장에서 열린 2차전에서 3-1로 이겼다. 차범근은 전반 22분에 선제골을 터뜨리며 에이스 역할을 확실히 했다. 황재만─박상인─차범근─이영무─차범근으로 이어진 "기민한 패스웍의 결정체"였다. 차범근은 박상인에게 공을 받은 순간 "찬스다! 상대 수비는 찌그러졌다"라며 골을 직감했다고 말했다. 한국은 당시 2조에서 1위로 최종예선에 진출했다.

タテパス戦術の技術

車、許へ数多く通った長いパス

日本VS韓国（W杯予選） 日本協会技術委員 戸苅晴彦

今回のワールドカップ・アジア予選にご承知の通り、多くの含みをもった興味のある試合だった。結果は0―0の引き分けで、日本代表チームに対する評価はさまざまだった。その興味ある点は日本代表チームが試合に臨む"構え"をいかにするかという点であった。この試合は一般的に次の四点が考えられる。

（1） 日本代表チームはイスラエルにすぐ二敗を喫し、ワールドカップ出場の望みを断たれている。

（2） 韓国はイスラエルに1勝1分けで、アジア地区第二組の代表権獲得へ最短距離の試合に臨戦している。

（3） 代表チームは昨年の日韓定期戦で、日本ファンの前で胆厚な敗戦を喫している。

（4） オリンピック・モスクワ大会を最大目標にする二宮構想の一ページとしていかにこの試合を戦うか。

もちろん、問題は多岐にわたるが、少なくともこういった点を考慮して、いかにチームの志気を高めていくかということが一つのポイントであったであろう。というのはこのポイントねらいを主武器として、しばしばチャンスをつくった。

さて、ここでは試合の成り行きを書くのが目的ではない。"私の観戦ノート"というだけに、そい、試合分析がし、気のついたところをはっきりした裏づけができる。

車範根と長いタテパス

試合中のボールの移動軌跡を記録してみると主観的なものに対するはっきりした裏づけができる。

前半、韓国はトップに位置した車範根が、右サイドへ流れつつ突破ねらいの車範根をねらいとし…

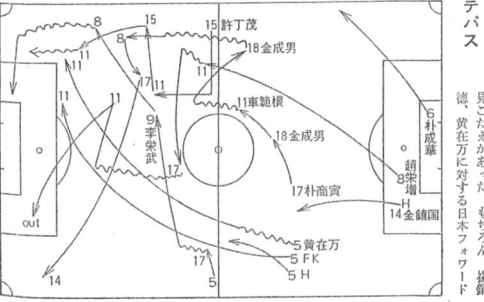

韓国 前半15～20分 （図1）⑪車範根を軸にした右からの攻撃

許丁茂　18金成男　11車範根　9허栄武　18金成男　17朴商寅　5黄在万　5 FK　5 H　6朴成華　8趙栄増　14金鎮国　out　14　17

"한국 종패스가 더 우위…차범근 잉글랜드 프로 수준"

일본 축구 전문지 〈사카 매거진〉, 1977년 5월호

일본은 1978아르헨티나월드컵 아시아·오세아니아 지역 예선 2조에서 한국과 이스라엘 그리고 북한(기권)을 만났다. 이스라엘과 한 1, 2차전에서 모두 0-2로 패했고 3, 4차전 한국 경기에서도 1무 1패에 그치며 탈락했다. 일본축구기술위원 도카리 하루히코는 0-0으로 비겼던 3차전 경기를 방대한 자료와 함께 분석했다. 그는 기술적인 부분은 일본이 좋았으나 어느 순간부터 한국이 주로 사용한 종패스(전진 패스)에 고전했고, 그 중심에는 양 사이드백인 최종덕과 황재만 그리고 최전방과 측면을 오간 차범근이 있다고 설명했다. 도카리는 과학적인 데이터까지 실어가며 한일전을 분석했다.

"한국은 최전방에 위치한 차범근이 오른쪽 측면으로 빠지면서 돌파를 시도하는 전술을 메인 공격 전술로 내세워, 이따금씩 찬스를 만들어냈다.

여기에 차범근을 마크하는 기요쿠모는 결정적인 장면을 내주지 않았을지언정, 일대일에서는 벗겨지는 장면이 많았고 이 탓에 위기를 초래했다."

"특히 앞서 예를 들었듯이 한국 양 사이드백으로부터 차범근으로 향하는 종패스와는 대조적으로 일본의 수비진과 중원에서 앞선으로 보내는 패스는 실로 무리한 것이 많았다."

"이번 경기에서 가마모토, 오쿠데라, 차범근, 김진국에 대해 워킹, 조깅, 크루징(흐르듯이 천천히 뛰는 것), 러닝, 대시와 같은, 토마스 레일리와 거의 동일한 방법으로 행동을 기록해보았다. 잉글랜드 프로와 비교했을 때 차범근은 그들과 견줄 수 있는 수준이 되었지만 다른 선수들은 크게 뒤떨어지는 모습을 보였다."

벤쿠버화이트캡스가 러브콜 보내다

〈동아일보〉 1977년 4월 4일

캐나다 프로 축구팀 화이트캡스(밴쿠버)가 영입 제안을 했다. 1968년 한국에 1년 동안 머물며 청소년 대표팀을 지도했던 독일 출신 크라우춘 화이트캡스 감독은 차범근에게 월봉 2천만 원을 주겠다고 말했다. 이는 국내 언론에 보도된 첫 해외 이적 제안이었다.

한일전 승리 이끈 행운의 페널티 킥

일본 축구 전문지 〈일레븐〉, 1977년 6월호

일본 잡지에 한국 일간스포츠 기자 조동표가 서울에서 열린 한일전(1978 아르헨티나월드컵 아시아 · 오세아니아 지역 예선 4차전, 4월 3일) 리포트를 기고했다. 당시에도 한일전은 관심이 높았고, 월드컵 최종예선 진출권을 다투고 있었기에 가능한 일이었다. 이날 경기는 한국이 1-0으로 이겼다. 결승골은 차범근이 페널티킥으로 넣었다. 한국은 슈팅 23개를 날리며 일본을 밀어붙였으나 일본 골키퍼 다구치 미츠하사를 좀처럼 넘지 못했다. 차범근은 득점했으나 마크맨인 기요쿠모 에이준에게 고전했다. 조동표 기자는 "차범근이 가는 곳에는 언제나 기요쿠모가 그림자처럼 따라붙었고, 차범근은 화가 난 나머지 몇 번이나 일그러진 표정을 보였다"라고 썼다. 일본이 밀렸으나 "제공권에서는 좀 더 앞섰다"는 믿기 어려운 설명이 눈에 들어온다.

무릎 '종기' 수술

〈동아일보〉 1977년 12월 7일

왼쪽 무릎 통증을 느껴 고려대학교 부속병원에서 수술을 받을 예정이며, "지난 월드컵 예선 3경기는 진통제를 맞고 뛰었다"는 보도가 나왔다.

"오꾸데라보다 한 수 위다"

〈조선일보〉 1979년 1월 5일

차범근은 이날 병역 문제로 귀국했으나 한국 신문은 1978년 12월 30일 다름슈타트 소속으로 보훔과 한 경기 기사를 내보냈다. 차범근은 좋은 경기를 하며 2년 먼저 분데스리가에 진출한 일본 대표 "오꾸데라 야스히코보다 한 수 위"라는 평가를 받았다. 차범근은 한국으로 돌아온 후 공군에 재입대했다.

독일 하원의장 국방부와 문교부에 편지 "차범근 빨리 다시 보내달라"

〈조선일보〉 1979년 1월 28일

월간 **축구**

NO.101 ★ 19

FOOTBAL

한국 축구의 새 장을 열다

〈월간 축구〉 1978년 12월–1979년 1월호 합본, 2월호

한국 축구계는 1978년 12월에 유례없이 흥분한다. "6년간이나 국가대표 선수로 활약한 아시아 최고의 스트라이커" 차범근이 1979년 7월부터 분데스리가 프랑크푸르트에서 뛰기로 했기 때문이다. 다름슈타트에서 1경기만 소화하고 병역 때문에 귀국했던 차범근은 다시 해외 진출에 성공했다. 〈월간 축구〉는 '나는 이렇게 생각한다'라는 기획을 만들어 김화집(한국 첫 국제심판), 최강석(국제심판)과 같은 전문가는 물론이고,

상업은행 본점에서 일하는 회사원과 가정주부에게도 의견을 물었다. 김화집은 "쌍수 들어 환영"했고, 은행원 최동관 씨는 "세계 속의 축구로 성장"하길 바랐으며, 주부 도복순 씨는 차범근을 "꼬마들의 영원한 우상"이라고 말했다. 프로 축구도 없는 한국에서 자란 차범근이 세계 최고 리그로 간다는 것에 모두 열광했다. 다만 2월호 표지 사진은 다름슈타트 데뷔전 사진으로 장식했다.

51

프랑크푸르트, 연봉은 8천만 원

〈월간 축구〉 1979년 8월호

현지에서 작성한 '차범근 코너'가 생겼다. 현지 매체 기사와 함께 차범근 일정을 일별로 기록했다. 골자는 두 차례 테스트 게임(연습 경기)에서 대활약했고, 연봉은 8천만 원이며, 공식전(데뷔전)에 스타팅 멤버로 나올 것이고, 월드컵 예선에는 한국 대표로 출전이 가능하다는 내용이다. 앞에 언급한 3가지는 현실이 됐으나 마지막 사안(혹은 바람)은 사실이 되지 못했다. 차범근은 독일 진출 이후 대표팀 경기에 뛰지 못하다가 1986멕시코월드컵 본선만 소화했다.

오쿠데라 "그 넓은 분데스리가에 동양인은 우리 둘밖에…"

〈월간 축구〉 1980년 5월호

동양인 처음으로 분데스리가에 진출한 오쿠데라의 수기가 있다. 이 매체에 기고한 게 아니라 〈사카 매거진〉에 실린 수기를 해석했다. "동양인으로 분데스리가에 처음으로 진출한 오쿠데라가 어떻게 시련을 참고 견뎠는지 국내 선수들에게 참고가 될 거 같아 소개하기로 한다."

차범근을 언급한 부분이 가장 눈에 띈다. 오쿠데라는 차범근을 그라운드에서 처음 만났을 때 "복잡한 심경의 스파크"가 일었다며 그 이유가 "라이벌을 만나 이국땅에서 일전을 벌인데서가 아니라 '숙적 한국'의 간판스타 차범근을 오랜만에 만났기 때문이다. 쉽게 말해서 고향 친구를 만난 것 같은 기분이라고 할까"라고 했다. 그는 독일어로 "건강했는가"라는 인사말을 주고받았다고 했다.

sportmagazin
1,80 DM
Nr. 2 / 2. Wo.
7. 1. 1980

kicker

DEUTSCHLANDS GRÖSSTE SPORTZEITUNG

2. TEIL: Mittelfeld und Angriff

Rangliste des deutschen Fußballs

Mit der Pokalrunde geht's los:

Fußball-Winterspiele

Wählt die kicker '79 : Heute letzte Ch

Ausländer

Weltklasse
1 Bum-kun Cha (Eintr. Frankfurt) 26
2 Kevin Keegan (Hamburger SV) 28

Internationale Klasse
3 Buljan (Hamburger SV) 30
4 Hellström (Kaiserslautern) 30
5 Pezzey (Eintr. Frankfurt) 24

Im weiteren Kreis
6 Jara (MSV Duisburg) 29
7 Holcer (VfB Stuttgart) 34
8 Nielsen (Mönchengladbach) 24
9 Popivoda (Braunschweig) 32
10 Hattenberger (VfB Stuttgart) 34

Immer noch oder schon im Blickfeld
BUNDESLIGA
Borg (Eintr. Braunschweig) 26
Steffensen (Bayer Uerdingen) 29
Wendt (1. FC Kaiserslautern) 29

키건을 제치고, 분데스리가 외국인 평점 1위

독일 축구 전문지 〈키커〉 1980년 1월 7일

독일 축구 전문지 〈키커〉는 랑리스테(*Rangliste, 당시 분데스리가 소속 선수만 평가한 선수 랭킹)를 발표한다. 1970년대에는 전반기와 후반기에 각각 한 차례 독일 선수와 외국인 선수 랭킹을 공개했다.

1979–80시즌 전반기 외국인 선수 랭킹 1위는 차범근이다. 차범근은 26점(낮을수록 좋다)을 받아 2위인 케빈 키건(함부르크, 28점)을 제쳤다.

〈키커〉는 두 선수를 월드 클래스(Weltkasse)로 분류했다. 월드 클래스 밑에는 인터내셔널 클래스, 리그 클래스, 주목할 만한 수준이 있다. 〈키커〉는 랑리스테를 매우 엄격하게 본다. 리그 활약뿐 아니라 유럽 대항전과 대표팀 경기력까지 살핀다. 월드

클래스를 비우는 일도 종종 있다. 당시 이 매체는 차범근을 1위로 선정하면서 "월드 클래스나 인터내셔널 클래스에 오르려면 대표팀에서 좋은 모습을 보여줘야 한다는 원칙을 깨기로 했다"고 밝혔다. 차범근은 당시 리그와 UEFA컵에서 계속해서 인상적인 모습을 보였다.

랑리스테 외국인 선수 2위 키건은 당시 세계 최고 수준의 선수였다. 1978–79시즌 함부르크를 우승으로 이끌었고, 1977–78시즌부터 3시즌 연속 〈키커〉가 선정한 올해의 팀에 이름을 올렸다. 무엇보다 1978년과 1979년 발롱도르를 수상했다. 차범근이 입단 첫 시즌부터 엄청난 활약을 보였다는 증거다.

〈키커〉는 해당 호 표지 모델도 차범근을 세웠다.

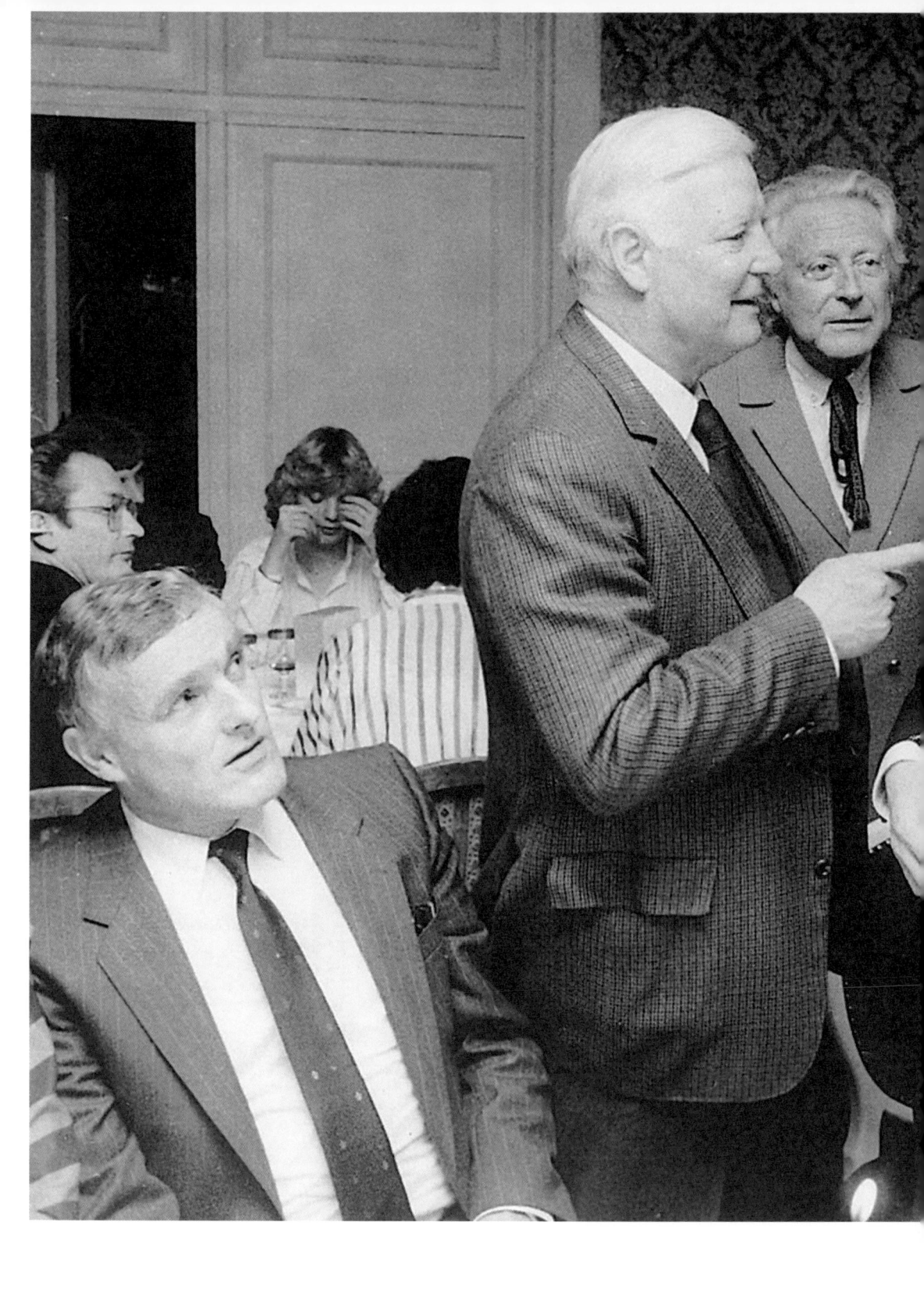

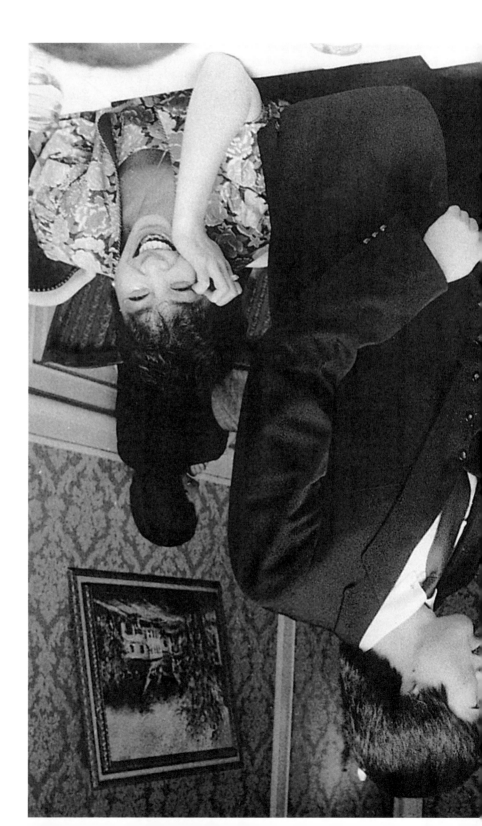

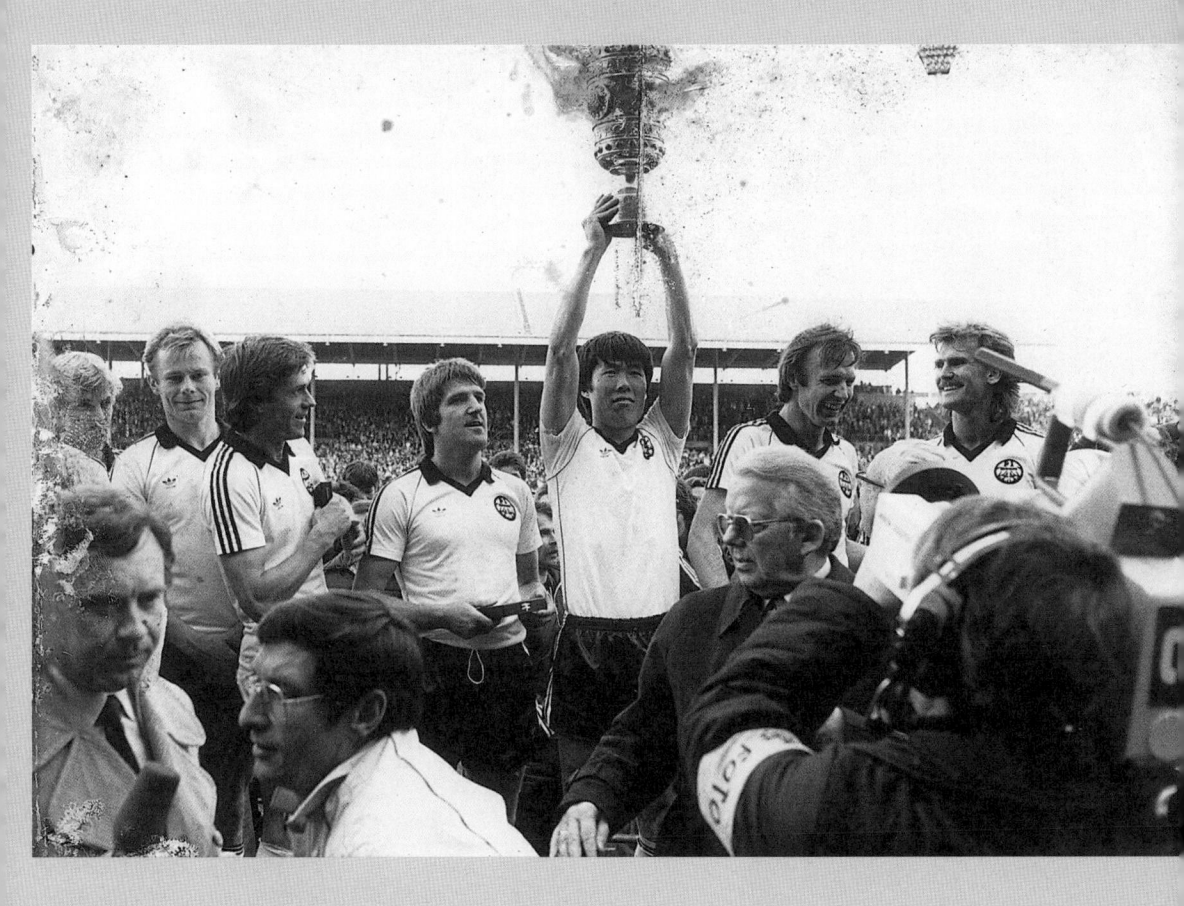

1980-81시즌 프랑크푸르트
DFB-포칼 우승

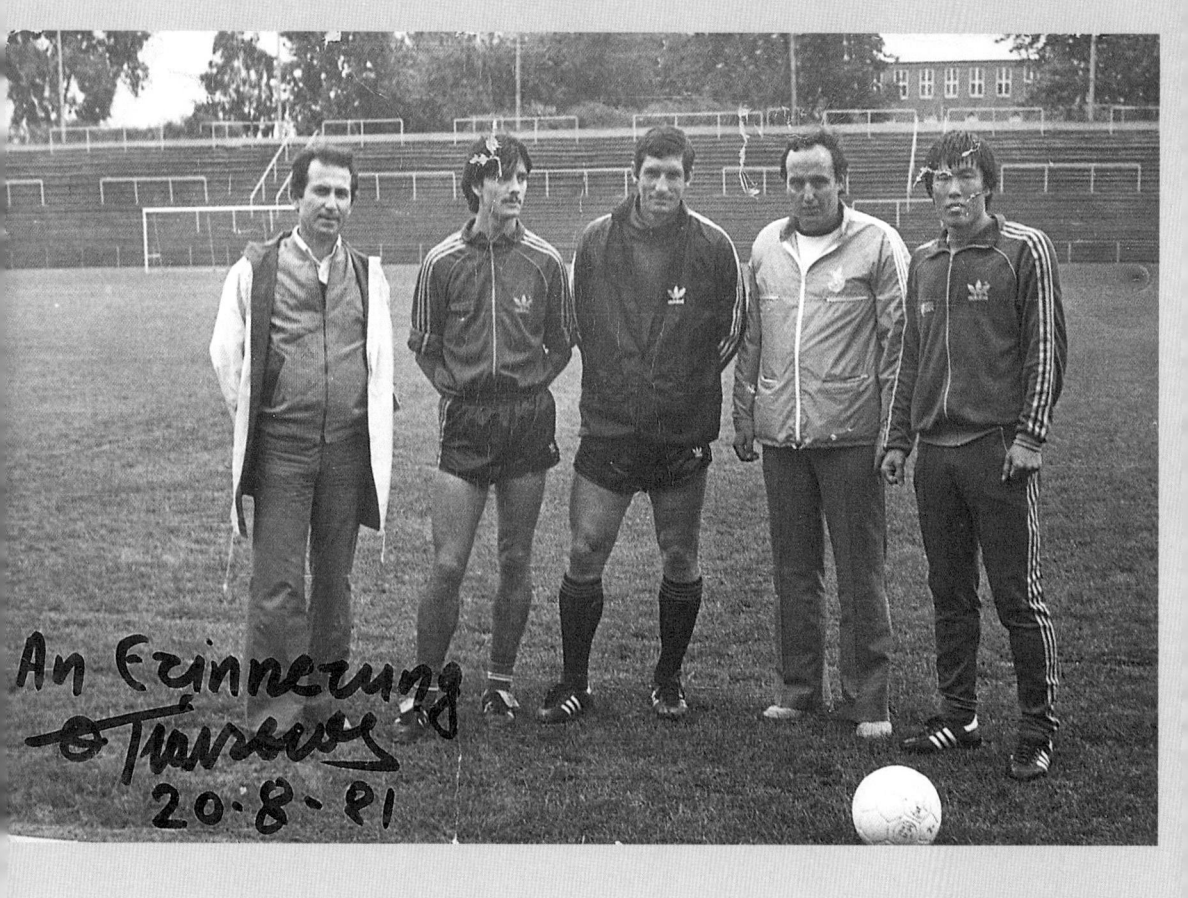

An Erinnerung
Tursucs
20·8-81

1981년 신예 공격수 요아힘
뢰브(왼쪽에서 두 번째)와 함께

"차, 공공의 적…경계대상 1호"

프랑스 축구 전문지 〈프랑스풋볼〉 1980년 11월 25일

발롱도르를 수여하는 〈프랑스풋볼〉은 1980년 34호 표지 모델로 차범근을 썼다. 차범근 뒤에는 함부르크 공격수 호르스트 흐르베슈가 있다. 이 매체는 1980~81시즌 UEFA컵 16강에서 프랑스팀(소쇼, 생테티엔)과 만날 두 팀의 에이스를 표지에 세우며 '우리를 위해 기도해 주세요'라는 문구를 뽑았다. 당시 분데스리가 수준이 높았기에 8강 진출을 바라는 마음을 표현했다고 볼 수 있다.

프랑크푸르트를 상대하는 장 포베르그 소쇼 감독은 차범근을 극찬했다. 이 매체는 그가 "차범근은 공공의 적이다"라고 말한 것을 제목으로 뽑기도 했다. 포베르그는 11월 15일 프랑크푸르트 경기를 지켜본 뒤 "프랑크푸르트의 진짜 실력을 보지는 못했지만, 차범근은 정말 슈퍼 선수(super-joueur)다. 우리 경계대상 1호가 될 것이다"라고 말했다. 좋은 선수라는 표현은 부족했는지 영어까지 써가면서 차범근을 평했다. 11월 26일(11월 25일 발간이라고 썼지만, 16강 1차전까지 본 뒤 인쇄한 듯) 원정 경기 전에는 "선수들에게 프랑크푸르트는 강하고, 특별한 공격수(차범근)를 보유했으며, 측면 수비수는 안정적이고, 중앙은 단단하고 기술도 뛰어나다고 이야기하지 않을 것이다. 동기부여는 저절로 될 것이다"라고 했다. 프랑스 두 팀은 각각 프랑크푸르트와 함부르크를 꺾고 4강에 올랐다. 프랑크푸르트는 1차전을 4-2로 이기고, 2차전에서 0-2로 패했으나 원정 다득점 우선 원칙에 밀려 4강으로 가지 못했다.

차범근이 활약한 독일이나 영어를 쓰는 영국 언론에 나온 이야기는 상대적으로 많지만, 프랑스와 같이 친숙하지 않은 언어로 차범근 평가를 듣기는 어렵다. 〈프랑스풋볼〉처럼 권위 있는 축구 전문지에 이런 기사가 있어 놀랍다.

● 車範根선수의 최근 소식

車範根 없는 프랑크푸르트는 유치원팀

차-닉-페 없는 프랑크푸르트는 유치원 팀

〈월간 축구〉 1983년 4월호

1982–83시즌 프랑크푸르트는 세 선수의 활약으로 유지되고 있었다.
브랑코 제백 감독이 말했다. "우리 팀의 대들보인 차범근, 베른트 닉켈,
그리고 브루노 페차이가 어떤 컨디션을 갖고 있는가에 운명이 걸려 있다.
트리오 없이는 유치원 팀에 불과하다."
프랑크푸르트는 '유치원 팀'을 앞둔 운명이었다. 차범근의 이적설이 퍼진
게 그즈음이다. 〈월간 축구〉는 "떠나기로 심중을 굳힌 것 같다. 세계적인
스타플레이어들이 있는 팀에서 그 자신의 기량을 겨루고 싶다는 나름대로
계산이 있기 때문"이라 보도했다.

↑아들과 여가를 즐기는 차범근

길은 이탈리아로?

〈월간 축구〉 1983년 5월호

차범근 영입전에 분데스리가 명가들이 뛰어들었다.
함부르크, 바이에른뮌헨, 슈투트가르트 등이다. 하지만
가장 먼저 유력한 목적지로 떠오른 건 이탈리아
AC밀란이었다.

* 한국에 알려진 계약 조건: 연봉 1억 2천만 원(세금은
구단에서 부담), 매달 150만 원의 경기 수당 지급,
집–보험료–자동차 및 가정부 제공, 이적료는 약 1백만
마르크(당시 한화로 6억 원 내외).

행로 결정 못 한 채 방황

〈월간 축구〉 1983년 7월호

함부르크 입단이 확실시되는 듯했으나 결렬됐다.
협상 중 귄터 네처 함부르크 단장은 말했다. "중요한
것은 프랑크푸르트가 우리 이적 조건에 동의하는
것이다. 우리가 협상을 어렵게 하고 있지는 않다."
이적에 대한 이견이 좁혀지지 않은 것이다. 동시에
뉘른베르크와 레버쿠젠의 제안이 이어지고 있었지만,
차범근은 내키지 않았던 것 같다.
"그런 팀에서 뛰는 것보다는 한국으로 가는 것이
낫다."

함부르크 70만? 프랑크푸르트는 100만!

독일 축구 전문지 〈키커〉 1983년

함부르크가 차범근을 원했다. 함부르크는 분데스리가와 유러피언컵(현
챔피언스리그)의 디펜딩 챔피언이었다. 문제는 이적료였다. 함부르크는 최종
70만 마르크를 제안했다. 하지만, 프랑크푸르트는 1백만 마르크를 원했다.

Bundesliga-Exklusiv

Wechsel des Frankfurters Bum-kun Cha zum Meister fast perfekt — Nur noch Tauziehen um die Ablösesumme

HSV bietet 700 000 — Frankfurt will Million

Was der „kicker" als erster bereits am 26. Mai angekündigt hat, bestätigt heute seine Bestätigung: Frankfurts koreanischer Stürmer Bum-kun Cha soll in der kommenden Saison das Trikot des Deutschen Meisters Hamburger SV tragen, der nach der Trennung von Horst Hrubesch und Lars Bastrup sowie der Verpflichtung von Dieter Schatzschneider und einen Stürmer unter Vertrag nehmen wird.

Vor dem Freundschaftsspiel des HSV gestern abend bei Cosmos New York wurden die Weichen für den Cha-Transfer bei Telefongesprächen zwischen Chas Manager Holger Klemme und HSV-Manager Günter Netzer sowie Frankfurts Schatzmeister Wolfgang Knispel und Netzer endgültig gestellt.

Netzer um kurz nach acht Uhr New Yorker Ortszeit auf seinem Zimmer im New Yorker Hotel „Sheraton-Center" während eines Transatlantik-Gesprächs dem „kicker", „Wir sind nach wie vor an Cha stark interessiert, und ich kann mir vorstellen, daß wir mit ihm auch einig werden!"

Kurz vor der Klemme in einem Telefongespräch mit Netzer die letzten Unklarheiten zwischen Cha und dem HSV beseitigt. Danach soll Cha einen Vertrag bis zum 30. Juni 1985 erhalten. Wenige Minuten nach dem „kicker"-Anruf meldete sich Frankfurts Schatzmeister Wolfgang Knispel bei Net-

zer im derzeitigen New Yorker HSV-Quartier und verhandelte, wie bereits am vergangenen Samstag, mit dem HSV-Manager über die Ablösesumme.

Sie stellt das letzte und entscheidende Hindernis des Cha-Transfers nach Hamburg dar. Während der HSV nicht mehr als 700 000 Mark für den 30jährigen Koreaner zahlen will, erwartet die Eintracht mehr als eine Million Mark für ihren Stürmerstar. „Unsere Vorstellungen liegen noch gewaltig auseinander, doch auch wir hoffen, daß diese Angelegenheit jetzt schnell erledigt wird", erklärte Knispel.

„Wichtig ist, daß die Frankfurter unseren Ablösebedingungen zustimmen. Wir setzen sie nicht unter Druck, doch je schneller die Sache erledigt wird, um so besser", erklärte Netzer, der von New York aus direkt im Urlaub fliegt, während die Mannschaft am Freitag nach Hamburg zurückkehrte.

Während Netzer auch auf Hawaii ständig zu erreichen ist, setzt Cha mit seinen Urlaubsplänen allen Beteiligten ein Ultimatum. „Ich habe erst und meine Familie für Freitag den Flug nach Korea gebucht. Auch dort habe ich ein gutes Angebot", erklärte Cha.

Im Klartext: Sollte der HSV-Transfer an der Ablöse scheitern, wird Cha mit seinen Vorstellungen nicht in die Bundesliga wechseln, sondern nach Deutschland zurückkehren.

W. Tobien/R. Franzke

So lernte die Bundesliga Bum-kun Cha kennen: dynamisch und torgefährlich. So wünscht ihn sich natürlich auch der HSV.   Foto: Hartung

Waldhof Mannheims Haupttribüne schon ausverkauft

Boom-Stimmung!

Beim SV Waldhof hat der Run auf die Dauerkarten eingesetzt. Die   wir die Einnahmen investieren müssen, um eine schlagkräftige

59

차붐의 숨바꼭질: 그가 모두를 안달 나게 한다
독일 축구 전문지 〈키커〉 1983년 7월 21일자
프랑크푸르트를 떠날 가능성이 커지자 유럽과 한국이 차범근을 갈망했다.
그는 행선지를 확정하지 않은 채 국내에서 칩거했다.

크라머씨가 마음에 들었읍니다

레버쿠젠을 택한 이유 "크라머 감독이 마음에 들었습니다"

〈월간 축구〉 1983년 9월호

레버쿠젠의 적극적인 구애가 결국 차범근 영입으로 이어졌다. 해외 매거진에 실린 입단 당시 인터뷰가 〈월간 축구〉에 남아 있다.

Q. 6주 전에 확신도 없이, 풀이 죽은 채 한국으로
돌아갔습니다. 이제 다시 강한 인상을 주는군요. 무엇이
그렇게 당신을 다시 일어설 수 있게 했습니까?
6주 전 프랑크푸르트를 떠날 때 나는 한국에 남겠다고 굳게
결심했습니다. 바이엘처럼 큰 기업체인 대우에서 그룹 회장을
통해 독일에서도 결코 받을 수 없는 조건으로 팀에 와달라고
제안해왔습니다. 나는 그때 서명하기로 굳게 결심했습니다.

Q. 그러면 왜 또다시 돌아왔습니까?
한국에 도착한 바로 그다음 날, 한 영국인이 나에게
전화했습니다. 한국에 있는 레버쿠젠의 대리인인데,
레버쿠젠이 나에게 큰 관심을 갖고 있다고 말했습니다. 8일
동안 숙고한 끝에 나는 대우를 단념했습니다. 다시 한번
분데스리가에서 2년 동안 멋진 축구를 하고 싶다는 것이
결정적인 이유였습니다.

Q. 왜 레버쿠젠을 택했습니까? 뉘른베르크로 가지 않기로 한
이유는 무엇입니까?
원래는 만일 유럽으로 되돌아갈 경우에는 스페인으로
가겠다고 결심했다는 사실을 여기서 미리 밝혀야 하겠군요.
하지만 2주일 후 텔레비전에서 빌레펠트와 바이에른뮌헨의
분데스리가 경기 필름을 보았습니다. 거기서 노르베르트,
나흐트바이, 브라이트너, 루메니게, 리넨 등을 보았을 때
유럽으로, 오직 독일로 돌아가자는 결심이 섰습니다. 오직
분데스리가만이 최고로 멋있고, 신속하며, 극적인 플레이가
펼쳐지고 있다는 사실을 깨달았던 것입니다.

Q. 그렇다면 어째서 레버쿠젠이었습니까?
이미 지난 5월부터 레버쿠젠과 조금씩 접촉하고 있었습니다.
하지만 나는 레버쿠젠에 전혀 관심이 없었기 때문에 그 당시
전화를 통해 부정적으로 답했습니다. 그런데 한국에 있는
바이엘 사람 하나가 "서독에 가면 꼭 데트마르 크라머 감독의
이야기를 들으라"고 거듭 이야기했습니다.

Q. 무엇이 그렇게 크라머 감독에게 깊은 인상을 갖도록
했습니까?
크라머 감독은 내게 "루메니게와 당신은 공격에서 좋은
콤비가 될 것이지만, 바스와도 그만 못하지는 않을 것"이라고
말했습니다. 하지만 크라머 감독이 축구에 관해 설명하는
점, 그리고 축구를 어떻게 이해하는가 하는 점에 있어서 그의
견해가 옳다는 점 등이 결정적이었습니다.

Q. 1년 전, 프랑크푸르트의 주전 선수일 때 레버쿠젠에는
적수였습니다. 이제는 관중들의 사랑을 받게 되었는데, 어떻게
생각하는지요?
아주 정상적이며, 있을 수 있는 일입니다. 한국에서는
나의 대학(*고려대학교)과 내 아내의 대학(*연세대학교)이
라이벌이었습니다. 내 아내의 동료들한테 나는 '악한
차범근'이었지요. 하지만 우리가 결혼하자 모두 '우리의
차범근'이라고 불렀습니다.

'유럽 최우수 선수'를 꿈꾸는 갈색 폭격기
〈월간 축구〉 1984년 2월호
차범근 합류 후 하위권에 맴돌던 레버쿠젠의 성적이 중위권으로 나아졌다. 이적 문제와
주택 사기 문제로 고민이 컸던 차범근 가족의 얼굴에도 웃음이 다시 피기 시작했다.

레버쿠젠은 달라졌다
독일 주간지 〈디 자이트〉 1983년 8월

"나는 레버쿠젠을 우승 후보로 꼽진 않을 거다. 하지만 팁을 하나 주자면 레버쿠젠은 분데스리가 모든 팀 중에 가장 크게 도약할 것이다. UEFA컵 출전권을 획득할 수 있다. 데트마르 크라머가 팀을 지도하면서 분명히 강해졌다. 프랑크푸르트에서 차범근이 왔고, 보훔에서 바스트와 파츠케가 왔다. 기존 선수 가운데서도 젊은 공격수 헤르베르트 바스가 대표팀의 관심을 받고 있다." – 1983~84시즌 프리뷰 칼럼 중에서

"3년 후에 돌아오겠습니다"
〈월간 축구〉 1984년 7월호

"3년 후에 돌아와 축구교실을 열겠습니다. 그리고 돌아와서는 선수 생활은 하지 않겠습니다. 어린이 축구교실을 세우는 것이 꿈입니다." – '우리나라에는 언제 돌아오시나요?'라는 한 어린이의 질문에 이어진 답변

레버쿠젠 데트마르 크라머 감독 특별 인터뷰
〈월간 축구〉 1984년 7월호

"무엇보다도 레버쿠젠은 운이 좋았지요. 차 선수는 팀에서뿐만 아니라 유럽 전체에서도 유명한 선수로, 팬들로부터 많은 사랑을 받고 있지요. (중략) 클럽의 어린 선수들이 차 선수에게 축구를 배우고 있습니다. 한마디로 차 선수는 레버쿠젠 팀에 없어서는 안 될 존재입니다."

칼 하인츠 하이만 〈키커〉 편집국장 특별 인터뷰
〈월간 축구〉 1985년 4월호

"한마디로 훌륭한 선수이지요. 개성이 뚜렷한 선수라고 볼 수 있습니다. 순간 판단력이 매우 빠른 선수입니다." – 하이만 편집국장
"훌륭한 선수입니다. 경기장에서뿐만 아니라 사생활에서도 모범적이어서 인기를 얻고 있지요. 특히 경기장에서는 매너가 좋아 관중들로부터 큰 호응을 받고 있습니다." – 서독 축구 자유기고가 마르틴 헤글레

1986멕시코월드컵 예선의 청부사
일본 축구 전문지 〈일레븐〉 1985년 5월호

월드컵 본선 진출을 염원한 일본은 차범근 합류 여부에 큰 관심을 보였다. "폭발적인 돌파와 천부적인 슈팅력을 겸비한 차범근의 기용이 현실이 된다면 월드컵 예선에 임하는 한국대표팀은 그야말로 천군만마를 얻는 것이다." 이 매체는 차범근을 둘러싼 대한축구협회와 레버쿠젠 그리고 크라머 감독 사이의 관계를 자세하게 보도했다. 차범근 없는 한국에도 고전했기에 복귀 소식에 촉각을 곤두세웠을 가능성이 크다. 결국 일본은 차범근 없는 한국에 밀려 월드컵 본선에 가지 못했고, 차범근은 본선에만 출전했다.

韓国情報
W杯予選の"助っ人"要員
車 範根
ブンデスリーガのビーレフェルトで活躍する車範根
129 イレブン

Auf Bum-kun Cha ruhen die Hoffnungen

Südkorea

한국의 월드컵, 그가 기대된다
독일 축구 전문지 〈키커〉 1986년

√Seoul searchers can win more hearts

SOUTH KOREA

"He was voted above Kevin Keegan in magazine (차범근은 키커 랑리스테에서 케빈 키건 위에 있었다)"
영국 일간지 〈더 타임스〉 1986년

1986멕시코월드컵을 앞두고 영국 정론지 〈더 타임스〉는 프리뷰 기사에서
차범근을 조명했다.

● 차범근선수, 월드컵팀에 합류 결정

스타의식 버리고, 白衣從軍 자세 필요

1986멕시코월드컵 합류 결정
〈월간 축구〉 1986년 1월호

대한축구협회가 차범근을 월드컵 대표팀에 합류시키기로 최종
결정하고 레버쿠젠에 차출 협조를 의뢰했다. 한동안 차출 문제를
놓고 논란이 있었다. 실력 때문이 아니었다. 국내에서 뛰고 있는
선수가 아니라서 팀워크에 영향을 미치지 않을까 하는 우려가 있었다.
김정남 감독도 외면할 수 없는 여론이었다. "차 선수의 명성이 월드컵
대표팀에게는 너무 부담스럽다는 점도 외면할 수 없습니다."
32년 만에 월드컵 본선에 오른 한국은 멕시코 전지훈련 중에 가진
4개국 친선경기에서 세계의 벽을 실감했다. 하지만 동시에 차범근을

합류시켜야 한다는 명분을 얻었다. 〈월간 축구〉는 "멕시코 전지훈련의
성과"라 했다. 서독에서의 문제는 모두 자신이 해결할 수 있다며
대표팀 합류를 간절히 희망했던 차범근은 최선을 다할 것을 약속했다.
"태극마크를 달고 월드컵 무대에 나가는 것이 목표였습니다. 비록
예선 통과에는 힘이 되지 못했지만, 본선 무대에서 뛰게 되면 저를
키워준 한국 축구를 위해 최선을 다하겠습니다. 그리고 염려하고 있는
팀 융화는 문제가 없도록 겸허한 자세로 임하겠습니다."

레버쿠젠 1987–88시즌 UEFA컵 우승

〈월간 축구〉 1988년 7월호

1988년 5월 18일, 레버쿠젠이 극적으로 UEFA컵 우승을 차지했다. 1차전에서 에스파뇰에 0–3으로 패배했으나, 2차전 정규 시간 종료 9분을 남기고 합산 스코어 3–3을 만들었다. 차범근이 골망을 갈랐다. 이후 승부차기에서 레버쿠젠이 웃었다. 생애 두 번째 UEFA컵을 들어 올리던 날, 차범근은 첫 번째보다 더욱 감격했다.
"처음 UEFA컵에서 우승했을 때 나는 그것이 특별한 것이 아니고, 아직도 우리에게는 해야 할 일들이 많이 있다고 생각했어요. 오늘 나는 그것이 얼마나 어려운 일인가를 알게 되었지요. 그리고 다시 한번 이런 영광을 차지하게 되어, 기쁨은 이루 말할 수 없습니다."

지도자로 제2의 축구인생 설계

분데스리가에서 10년만에 귀국한 차범근씨

본 서호. 프로축구 분데스리가에서 10년간 선수생활을 마감하고 귀국한 차범근씨 가족들.

분데스리가에서 「홍콩」으로 명성을 떨쳤던 차범근(車範根)씨가 가족과 함께 귀국했다. 10년간의 까마득하던 독일생활을 서독으로 되넘긴 후에는 지도자에 대한 꿈이 있었으나 국내에서 지도 10년 10여년 되었다.

그러는 자신을 10년 一생애도 보냈다. 지난 7월 30세되던 무렵만 나이로 지도자 길을 밟던 차(車) 30여년은 그를 성큼하였다. 10여년 동안의 분데스리가 하루도 오프사이드에 대해 서로 하나하나... 그러고 수 및 우려나지 세계의게인 5월

그 사이의 현실 선수생할의 꿈을 다 가지더라며 지도자생할을 위한 과정으로의 인치조판의 1시간 위하면 그동안 시름에 한국축구을 가지같 수 구지못한 이후의 차... 현실적하게 「조금씩 체험」하였다. 그의 방아되게 누리되는 프로축구 지도 코치도... 길도 이제 차기 되는 노지도자의 그 길단계에서 주선 같은 보다 나 선수시절 생각만 전혀 없으며, 하면서 차대의 지도자생할을 위한 저 위한... 이 사람에서 마무리 전망이노는다.

최근 차범근씨... 한국어린이축구교실을 꾸려가고 있던 쪽 운영하며 하던 시절의 것이 나 한국어린이축구교실의 꿈을 분데스리가... 분데스리가 선수계층이 없도록 노 차를 지금을 이제 여러 이후이는 어려 어린이지도자들의 대화속에 무... 전... 한국의 월드컵진출은 16강에 오를 수 있... 축구의 세계적선수를 배출 수 있을 것이다.

분데스리가 300경기 출장, 98골 기록

〈월간 축구〉 1989년 5월호

1988–89시즌 쾰른을 상대로 통산 분데스리가 300경기 출장 기록을 세웠다. 외국인 선수로는 최초였다. 차범근은 제2의 축구 인생을 설계 중이었다. 3월부터 지도자 수업을 듣고 있었다.

분데스리가 생활 마감

〈월간 축구〉 1989년 7월호

카이저슬라우테른전을 끝으로 분데스리가 10년 선수 생활에 마침표를 찍었다. 분데스리가 통산 기록은 308경기 98골. 차범근은 "아쉬움도 있지만 또 다른 세계로의 출발점이라 생각한다"라고 소감을 밝혔다. 쾰른 체육대학에서 지도자 수업을 마친 뒤, 어학에 열중하다 에른스트 하펠, 리누스 미헬스 등을 찾아 견문을 넓힐 계획으로 알려졌다.

영구 귀국

〈월간 축구〉 1989년 12월호

1989년 11월, 금의환향했다. 그는 6개월 정도 쉬면서 국내 축구를 접한 뒤 지도자 생활과 함께 어린이 축구교실을 운영할 뜻을 밝혔다.

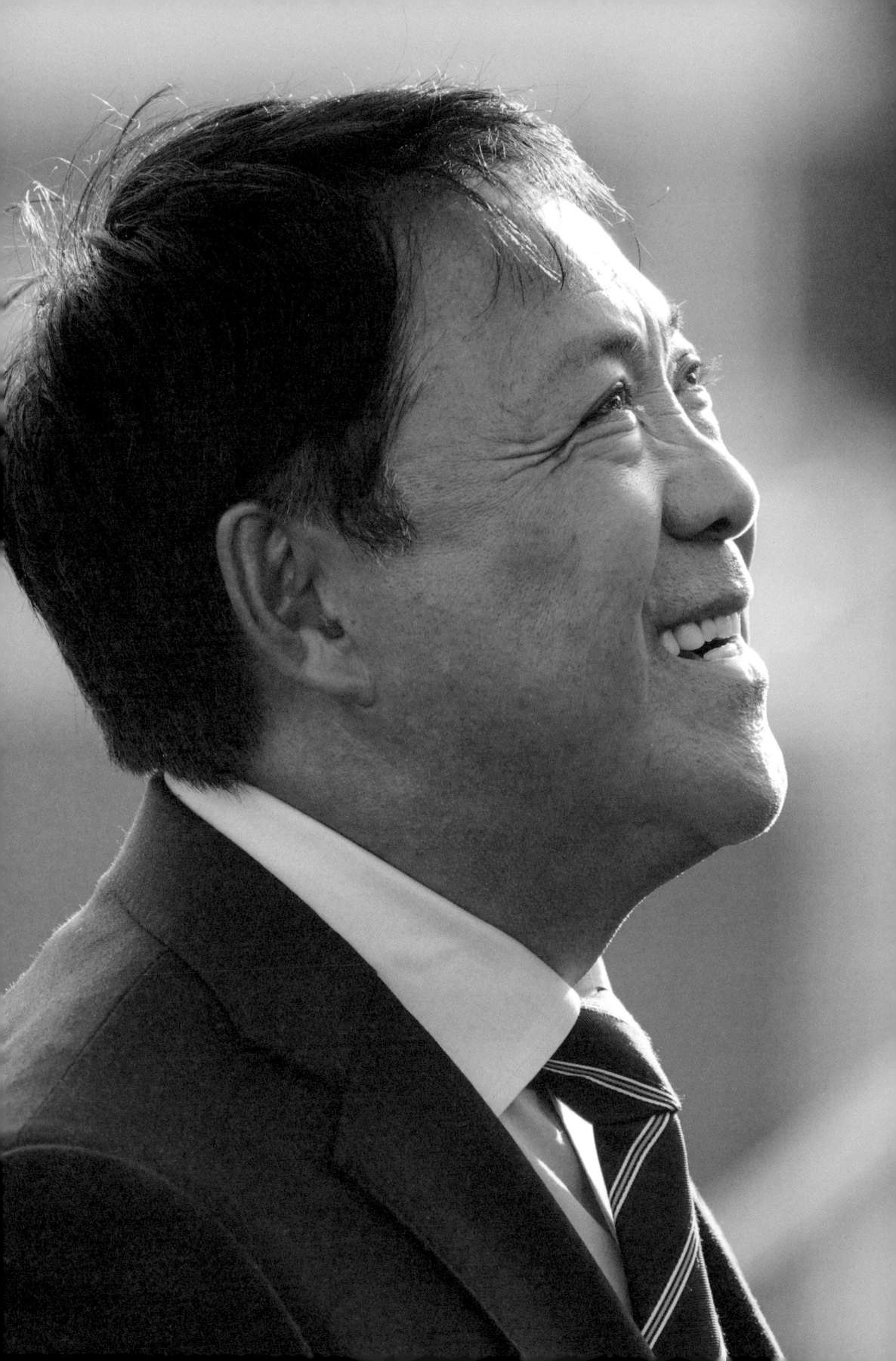

오쿠테라 야스히코 奧寺康彦

아시아 최초 분데스리가 진출, 8시즌 활약 / 요코하마FC 이사회장

오쿠데라 야스히코는 일본의 차범근이다. 1977년 쾰른에 입단해 바로 더블을 기록했다. 그는 한국에서 차범근과 끊임 없이 비교됐다. 때로는 폄하 됐으나, 분명 아시아 축구에 커다란 이정표를 남긴 선구자다. 오쿠데라는 담담하게 분데스리가와 차범근을 회상했다.

인터뷰 류청 사진 게티이미지코리아

아시아 선수로는 처음으로 독일 무대에 진출했습니다. 당시 그건 어떤 의미였나요? 사회적으로, 개인적으로 어땠는지 궁금합니다.

당시 아마추어에서 뛰고 있었고, 일본은 물론이고 한국도 그렇겠지만 유럽이 볼 때는 수준이 낮을 거라고 생각했기에 프로 무대에 진출하는 건 생각지도 못했던 일이었어요. 하지만 쾰른 쪽에서 먼저 연락해서 저를 인정해줬습니다. '도전해보고 싶다. 한번 해보고 싶다'라는 생각이 들었어요.

프로축구 리그가 아닌 실업 리그에서 뛰다가 세계 최고인 분데스리가에서 뛰었습니다. 감회가 남달랐을 것 같습니다.

제게 분데스리가는 동경의 대상이었어요. 텔레비전으로 분데스리가 중계를 보며 '저런 축구를 하고 싶다'라고 생각했어요. 하지만 제 수준이 거기까지 올라갔는지 알 수 없었기에 분데스리가에서 뛰는 건 꿈처럼 느껴졌어요. 현실에서 "프로로 뛰어보지 않겠어요?"라는 말을 들었을 때, 의욕이 솟구치고 기분이 좋아졌어요. 흥분돼 몸이

떨리는 것도 느꼈어요. '설마'라는 생각도 들었죠. 하지만 헤네스 바이스바일러 쾰른 감독이 저를 필요로 했고, 독일에 가서 축구하고 싶다는 마음이 생겼어요.

당시 분데스리가 위상은 어땠나요? 현지에서는 확실히 다르게 다가왔을 것 같습니다.

당시 일본 축구는 독일을 모델로 했기에 독일 시스템이나 방식에 위화감은 없었어요. 다만 분데스리가의 속도와 피지컬 수준을 따라가는 데는 시간이 많이 걸렸죠. 뛰면서 점점 익숙해지고, 제 실력도 보일 수 있게 됐지만 그 수준이 될 때까지는 고생도 많이 했어요.

첫 소속팀 쾰른은 좋은 팀이었습니다.

바이스바일러 감독은 선수 장악력이 좋고, 팀에는 일체감이 있었어요. 각 포지션에 개성 넘치는 선수가 많았지만 모두 한 팀이 돼 싸웠다는 느낌이 들어요. 저는 왼쪽 측면 공격수로 뛰었는데 동료

선수들의 수준이 매우 높았습니다. 저도 그런 흐름을 따라가면서 시합을 거듭할수록 좋은 플레이를 하게 됐어요. 결국 쾰른은 1977-78시즌 분데스리가와 DFB-포칼을 모두 차지했어요. 제게 광장히 의미가 큰 해였죠.

독일 진출 후 1년 뒤 한국의 차범근이 분데스리가에 왔습니다. 당시 어떤 생각을 했나요?

언젠가 차범근 선수와 이야기했을 때 "오쿠데라가 독일에서 뛸 수 있다면, 나도 할 수 있다고 생각했다"라는 말을 들었어요. 차범근은 수준이 높고, 신체적인 능력도 좋았으며, 골도 많이 넣었습니다. 서로에게 좋은 자극이 됐어요. 좋은 의미에서 라이벌로 뛸 수 있었던 것 같아요. 차범근이 독일에 오면서 '나도 열심히 해야겠다'라고 생각했어요.

전에도 차범근을 알았나요? 그랬다면 어떤 경로였나요?

도쿄에서 했던 청소년대회 3위 결정전에서 만났어요. 아쉽게도 승부차기 끝에 일본이 졌는데, 차범근은 그때 한국 스트라이커였습니다. 그 이후에 일본대표팀과 한국대표팀 소속으로 만났을 때도 차범근이 득점을 해서 우리를 괴롭혔죠. 아주 수준 높은 선수라는 인상이 강했어요.

언론에서는 두 선수를 라이벌로 묘사했는데, 두 선수는 식사도 같이하고, 친분이 있었다는 이야기도 들었습니다. 어떤 사이였나요?

각자의 연고지가 멀리 떨어져 있어서 식사를 한 적은 없었던 것 같아요. 그래도 1년에 두 차례 경기를 할 때마다 그라운드에서 이야기를 나눴어요. "잘 하고 있어?", "어떻게 지내고 있어?" 서툰 독일어로 대화했어요.

같은 리그에서 뛴 선수로서 차범근은 어떤 선수였나요?

한국대표팀에서 봤을 때처럼 차범근은 발도 빠르고, 몸도 좋고, 헤딩도 잘하고, 공도 잘 다루는, 모든 걸 갖춘 스트라이커였어요. 차범근을 막는 건 정말 어려운 일이었고, 차범근은 분데스리가에서도 골을 많이 넣는 간판 스트라이커로 뛰었어요. 팀의 기둥이라고 느꼈어요.

한국에서는 두 선수가 포지션이 달랐는데도 비교를 많이 했던 걸로 압니다. 일본에서도 그런 분위기가 있었나요? 만약 그랬다면 솔직한 심정은 어땠나요?

포지션이 다르고, 팀에서 맡은 역할도 달라서 그다지 의식은 하지 않았습니다. 단지 맞대결 했을 때는 '어떻게든 이기고 싶다. 차범근을 막고 싶다'라는 마음이 들었죠. 종종 '차범근이 또 골을 넣었네. 나도 열심히 해야겠다'라는 생각도 했어요.

당시 일본에서는 독일 무대에서 뛰는 오쿠데라 씨를 어떻게 바라 봤나요?

당시 일본 국내 분위기에 관해 답변하기는 조금 어렵네요. 저는 별로 그런 이야기를 들어본 적이 없어요. 쾰른에서 3년 반 정도 뛰면서 우승도 할 수 있었고, 새 감독이 온 뒤로는 이적을 강요 당한 적이 있었죠. 그런 가운데서 나름대로 늘 어떤 팀에서라도 뛰고 싶은 마음은 있었습니다. 쾰른에서 2부 리그 소속 헤르타베를린으로 임대 갔다가 6개월만에 1부로 승격한 베르더브레멘으로 이적했어요. 흐름으로 보면, 결국 저를 필요로 하는 팀을 만나 5년간 뛸 수 있었기에 제게도 매우 좋은 선택이었어요. 독일 사람들도 저를 좋게 평가했고, 감독도 저를 믿고 써줬어요. 팀에 공헌하는 플레이어로 평가받았던 거 같아요.

차범근과 오쿠데라 씨 이후로 한국과 일본의 수많은 후배가 독일을 비롯한 유럽 무대로 나갔습니다. 선구자로서 어떤 생각이 드나요?

많은 양국 선수가 유럽 톱 리그에서 활약하는 걸 보고 '이제 이런 시대가 왔구나'라는 느낌이 들었어요. 저나 차범근이 먼저 유럽 무대를 밟았지만, 양국 선수들이 매우 높은 평가를 받으며 활약하는 걸 보니 감회가 새로워요. 다행이라고 생각해요. 남미, 유럽, 아프리카 선수들에 뒤지지 않는 선수가 더 많이 해외로 나가서 활약했으면 좋겠네요.

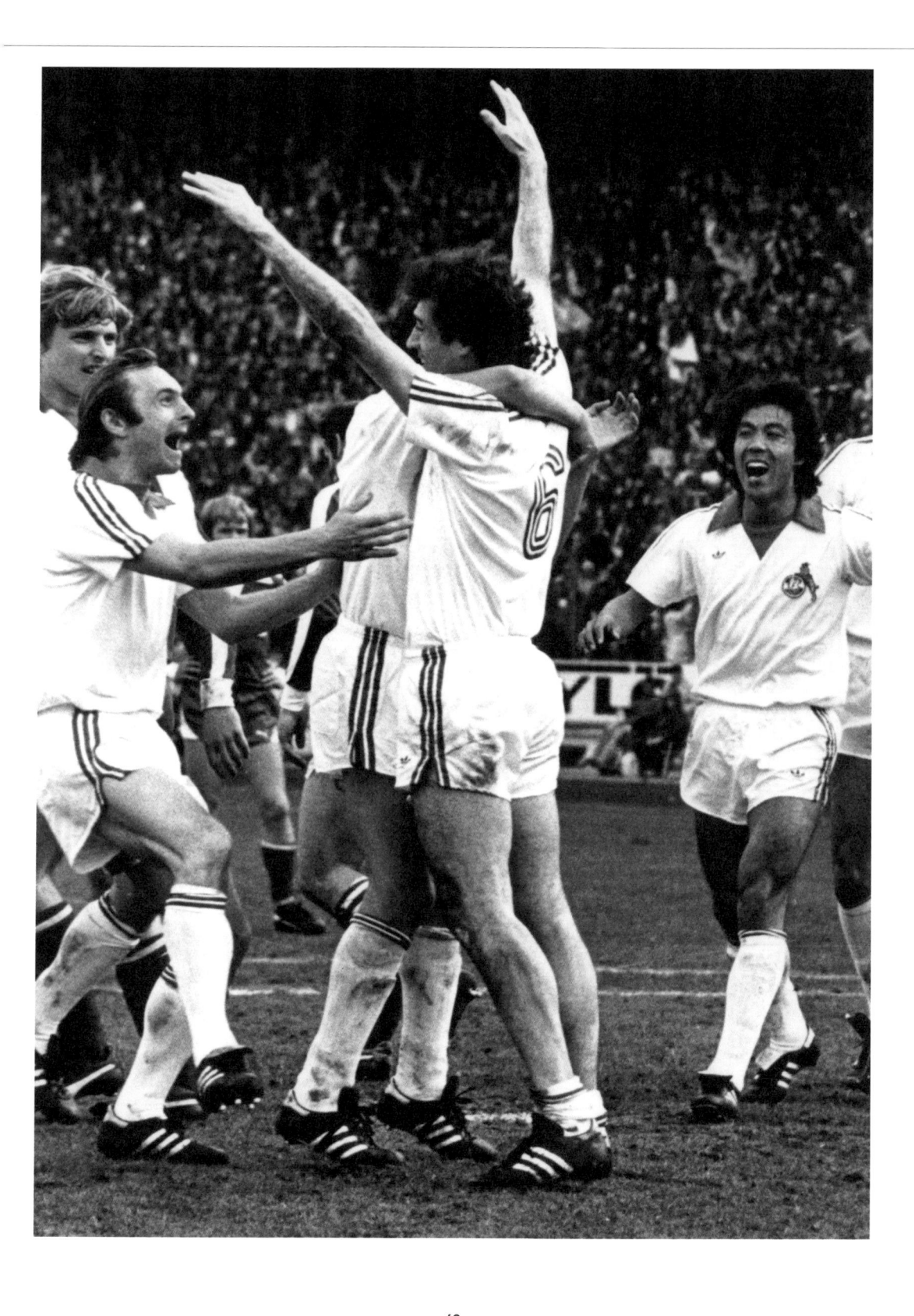

미하엘 라이펜슈툴 Michael Reiffenstuel

주한독일대사

지난 8월 주한독일대사로 부임한 미하엘 라이펜슈툴은
독일 바이에른주에서 태어났다. 차범근의 선수 시절
위상을 직접 느꼈기에, 그가 지닌 문화적, 상징적 의미를
설명할 수 있다.

인터뷰 이종현 사진 이연수

분데스리가 어느 팀 팬인가요? 차범근의 경기를 봤나요?

저는 바이에른주 뮌헨 근처에서 태어나서 자연스레
바이에른뮌헨에 열광했어요. 1970년대에 바이에른이 유러피언컵(현
챔피언스리그)에서 3회 연속 우승했으니 어쩌면 당연한 일이죠.
매우 유감스럽게도 차범근의 경기를 경기장에서 직접 보지는
못했어요. 하지만 차범근이 아인트라흐트프랑크푸르트와
바이엘04레버쿠젠에서 엄청난 골을 넣는 것을 늘 열광적으로 보곤
했어요.

독일 사람들에게 분데스리가는 어떤 의미인가요?

축구는 독일에서 가장 사랑받는 스포츠 종목이에요. 여기에는
역사적인 이유도 있죠. 독일은 1954스위스월드컵에서 우승했어요.
이 사건은 오늘날까지도 월드컵 역사상 가장 센세이셔널한
사건으로 여겨지고 있다고 생각해요. 나치의 폭정 때문에 전후
독일은 오랫동안 세계로부터 인정을 받지 못했는데, 스위스월드컵
우승으로 다시 전 세계적인 인정을 받는 경험을 했으니까요. 오늘날
분데스리가로 대표되는 독일 축구는 다른 스포츠 종목과 즐길
거리가 있어도 인기를 유지하고 있어요. 스포츠와 엔터테인먼트
분야에서 여전히 1위예요. 매 경기 평균 4만 3,000명이 경기장을
찾고 있어요. 축구는 모든 문화적, 사회적 계층이 한자리에 모여
자신의 클럽을 응원하기 때문에 사회적 결속의 의미도 커요.

독일 분데스리가의 전성기로 묘사되던 1980년대 당시를 어떻게 기억하나요?

분데스리가 초기부터 1980년대 말까지의 축구 문화는 좀 투박하고 축구 본연의 모습에 충실했다고 생각해요. 좀 더 축구의 고유한 모습에 가까웠고 지금처럼 세련된 스타일은 갖추지 못했죠. 오늘날 같은 마케팅이나 엄청난 매출도 없었어요. 팬들은 응원 머플러를 손으로 직접 떠서 사용했어요. 경기장은 쾌적한 분위기와는 거리가 멀었어요. 겨울에는 얼음장 같은 시멘트 바닥에 앉아 경기를 관람했어요. 대신 그 시절엔 자신이 응원하는 팀에 진심으로 열광하는 서포터스가 있었어요. 당시 분데스리가는 대형 비즈니스가 아니었어요. 이런 환경에서는 차범근처럼 요란하지 않고 정직하게 경기하는 선수들이 특히 인정받고 인기도 있었어요. 당연한 결과로 한 스포츠 잡지는 차범근을 1980년대 분데스리가 최고 외국인 선수로 선정했죠. 물론 그 당시에도 선수들은 평균적인 팬들보다는 훨씬 더 많은 돈을 벌었어요. 하지만 오늘날의 많은 백만장자 축구선수들처럼 일반인과 동떨어져 다른 세상 사람처럼 살지는 않았어요.

독일에서 바라보는 차범근의 이미지는 어떤가요?

차범근은 1979–80시즌부터 프랑크푸르트에서 본격적인 선수 생활을 하면서 골을 많이 넣었어요. 특히 페어플레이로 관중들의 사랑을 받게 됐죠. 프랑크푸르트와 레버쿠젠이 유일한 UEFA컵(현 유로파리그) 우승을 차지하는 데 기여했어요. 분데스리가 선수 생활을 통틀어 단 한 번의 옐로카드를 받았기 때문에 독일에서 그의 명성은 더욱 높았죠.

외국인, 특히 아시아인을 보는 여러 편견도 깼다고 생각해요.

차범근이 선수로 뛰던 시절은 외국인 선수 비율이 낮은 때였죠.

1980년대까지 분데스리가의 외국인 선수 비율은 약 8%였어요. 1980년대 말까지는 주로 오스트리아, 스웨덴, 그리고 특히 덴마크와 유고슬라비아 출신 선수들이 분데스리가에서 활약했어요. 아시아 출신 선수는 전혀 없었다고 봐도 무방하죠. 따라서 차범근은 경기장에서 정말 보기 드문 선수였지만, 페어플레이를 하고 절제력과 기술이 뛰어난 선수로 축구 팬들에게 각인됐어요. 덕분에 아시아 출신 선수들이 오늘날까지도 평판이 좋다고 알고 있어요. 차범근 선수는 유럽이나 남미 선수만 축구를 잘한다는 독일인의 선입견을 깼다고 볼 수 있어요.

차범근은 2019년 독일 정부로부터 십자공로훈장을 받았어요. 그가 독일과 한국의 문화적 가교 역할을 했다고 보나요?

차범근은 다른 어떤 한국의 운동선수보다도 한국과 독일의 가교 역할을 하고 있어요. 문화 교류를 그냥 빈말로 생각하지 않고, 현재까지도 정말 활발하게 실천하고 있죠. 선수와 감독으로서의 활동뿐 아니라 청소년 교육과 축구 영재 발굴에도 적극적으로 힘을 쏟고 있어요. 그가 오랫동안 헌신한 차범근축구교실이나 팀 차붐도 이런 활동의 한 예가 되겠죠. 서울독일학교 소속 축구팀도 차범근축구교실에서 훈련해요. 또 그런 활동은 민족 간 이해를 높이는 데 기여하고 있어요. 차범근은 늘 자신의 유명세를 활용해 지리적으로는 물론 문화적으로도 일정 부분 멀리 떨어져 있는 한국과 독일을 가깝게 만들고, 사회 전반에 걸쳐 양 국민들이 서로를 더 잘 이해할 수 있도록 했어요. 그래서 우리는 유명 스포츠 인사이자 한국과 독일을 잇는 역할을 하는 그를 중요한 행사에 늘 초대하고 의견을 경청하죠. 요아힘 가우크, 프랑크–발터 전 독일연방 대통령이 방한했을 때도 차범근을 만났어요.

마쿠스 한 Markus Han

독일 이민 2세 / 미노스포츠 매니징 디렉터

마쿠스 한은 독일 이민자 아들로 태어나 차범근, 김호 등이
독일에 오면 방을 비워줄 정도로 축구와 가까웠다. 그는
차범근이 선수로 뛰던 시절의 분데스리가와 독일 사회
그리고 한국 이민자 사회를 모두 체험했다.

인터뷰 류청 사진 이연수

**독일 이민 2세대입니다. 독일로 온 축구선수들을 돌봤던
아버지(한일동 씨) 덕분에 축구와 더 가까웠을 거 같습니다.**
차범근 감독님이나 그런 분들이 독일에 오면 우리 집에서
머물렀습니다. 그러면 제 방을 그분들에게 드리는 거죠. 그분들이
오면 저는 아버지와 어머니와 같이 잤어요.

**당시에는 해외여행이 쉽지 않았기에 독일 교민들이 선수들에게
많은 도움이 됐겠네요.**
한국에서 선수나 감독이 오면 독일어를 못 하잖아요. 아버지가
도와드릴 수밖에 없었어요. 훈련장이나 경기장에 가면 저와
아버지가 함께 따라갔어요. 아버지는 운전을 했고, 저는 통역을
했죠. 아무래도 아버지보다는 제 독일어 실력이 나았으니까요.
예전에는 한국 팀들이 독일로 전지훈련을 많이 왔어요. 최근에는
더운 나라로 가는 추세지만, 예전에는 선진 축구를 배운다고 독일로
많이 왔습니다. 예전에 봤던 분들이 여전히 축구계에 많아서 제
일(에이전트)을 하는 데 도움이 되는 것도 사실입니다.

**축구를 좋아할 수밖에 없었을 거 같네요. 처음으로 본 경기를
기억하나요?**
차 감독님 경기였는데 정확히 어떤 경기였는지는 모르겠습니다.
아버지와 함께 다녀온 경기라 기억에 남아요. 다들 3대가 같이

(경기장에) 다니잖아요. 제 아버지 꿈도 그겁니다. 언젠가 저와 제 아들과 함께 축구장과 골프장에 가는 거요.

차범근의 활약에 당시 독일 교민들이 기뻤겠네요. 당시 파독 광부와 간호사들이 고생을 많이 했던 걸로 알고 있어요.

제 아버지와 어머니도 광부와 간호사 부부입니다. 차 감독님이 잘해서 다들 기뻐했습니다. 한국에서 선수가 왔는데, 체격도 당당하고 축구도 잘해서 좋았습니다. 저도 아버지와 쾰른에서 프랑크푸르트까지 2시간 차 타고 가서 경기를 봤습니다. 다른 교민들도 경기장에 많았어요. 경기장에 태극기도 걸고 그랬어요. 마치 토트넘 경기에 한국 팬들이 태극기 걸듯이요. 토트넘 가는 분들은 여행자가 많을 건데, 그때는 다 독일 교민이었죠. 살기 어려웠어도 축구를 많이 봤어요.

당시 분데스리가는 어땠나요?

그때도 항상 경기장이 꽉 들어찼고, 분위기는 지금보다 훨씬 더 열광적이었어요. 예전에는 독일에도 훌리건 문제가 있었으니까요. 프랑크푸르트가 특히 심했습니다. 레버쿠젠과 프랑크푸르트 경기에서 레버쿠젠 팬이 프랑크푸르트 팬에 둘러싸여서 맞는 것도 봤어요. 아무튼 커서 친구들이 티켓 장사했던 일, 암표 사고 경기장 들어간 것. 싼 표를 사고 벽 넘어 좋은 자리로 갔던 게 기억나네요. 이제는 안 되죠(웃음).

독일은 제조업 기반이 커서 축구가 인기 많다는 분석이 있습니다.

그게 크죠. 어렸을 때는 아버지를 따라 할 수밖에 없어요. 아버지가 주말마다 축구 보고 소리 지르고 환호하면 아이들도 그렇게 돼요. 저는 쾰른에 있으니 FC쾰른 응원하고, 다른 지역에서는 다른 지역팀을 응원하죠. 대부분이 연고지 팀 경기를 처음으로 보게 되는 거예요. 첫 경험부터 아마 안 빠지는 사람이 없을 겁니다. 그 응원, 그 분위기. 축구가 재미없어도 빠질 수밖에 없어요. 어릴 때는 특히.

샬케와 도르트문트는 광부와 공장 근로자가 많은 도시고, 프랑크푸르트는 금융 산업이 기반이잖아요. 팀 분위기도 다른가요?

구단마다 특징이 있어요. 샬케는 광부가 많으니까 축구를 못해도 팬들 파이팅이 좋아요. 정대세가 보훔에 있을 때 몸을 사리지 않아서 인기 있었어요. 그 축구가 쾰른에서는 인기가 없었어요.

기술이 떨어진다는 거죠. 이영표는 열심히 하니 도르트문트 팬들이 좋아했죠. 프랑크푸르트에서는 축구를 잘해야 해요. 도르트문트, 샬케는 실업률도 굉장히 높아요. 그래도 그 구단이 잘하는 게 1년에 두 번은 땅 밑(갱도)에 같이 가요. 선수들이 8시간씩 일을 합니다. 일이 끝나고 나오면 구단 관계자가 설명해요. '팬들이 한 달 내내 이렇게 일해도 선수들 하루 경기 수당도 못 번다. 그 돈에서 3분의 1은 경기 티켓과 유니폼을 사며 널 위해 쓴다'라고요. 선수들이 열심히 안 할 수가 없어요. 주제프 과르디올라 감독이 바이에른뮌헨에 왔을 때 적응을 못 했어요. 팬들이 왜 내 일터(훈련장)에 들어오냐는 거죠. 구단은 우리도 팬 없으면 축구 못 한다고 답했어요. 돈 많이 내는 VIP들 덕에 돈은 벌지만, 일반 팬도 축구 볼 수 있게 해줘야 한다고요. 어린이들이 슈퍼스타를 직접 볼 수 있어야 팬이 된다는 말이죠. 그래서 타협해서 일주일에 두 번만 공개했어요(웃음).

옛날 축구 팬들이 더 열광적이었다고 했는데, 요즘 독일 축구 팬들은 열정이 식은 건가요?

독일은 여전히 축구의 나라예요. 딸이 초등학교 입학할 때, 제가 축구 일을 하니 배지와 페넌트를 들고 갔어요. 그래서 좀 목소리 크고 거칠 것 같은 애들을 찾았어요. 축구 하는 애들이 그렇더라고요. 그래서 루카스 포돌스키랑 찍은 사진 보여주니까 "우와, 선생님 누구세요?"라며 눈이 커지더라고요. "쟤가 선생님 딸이니 보디가드 좀 잘해. 이런 거 자주 줄게"라고 했더니 4년 내내 딸을 건드리는 사람이 없었어요. 저도 학교 다닐 때 축구를 잘하는 편이어서 인정을 좀 받았어요. 축구면 무조건 됩니다.

이민 2세대는 1세대만큼 교민사회나 축구에 관심이 없나요?

교민사회는 대략 그렇지만, 2세들도 축구에 대한 열정은 똑같아요. 다들 어렸을 때부터 축구가 인생의 한 부분이었습니다. 제 친구들은 제 업을 너무 좋아해요. 대표팀, 클럽팀과 같이 다니고 경기도 자주 보니까요. 전화하면 정말 많은 이야기를 하죠. 티켓 부탁도 많고요(웃음).

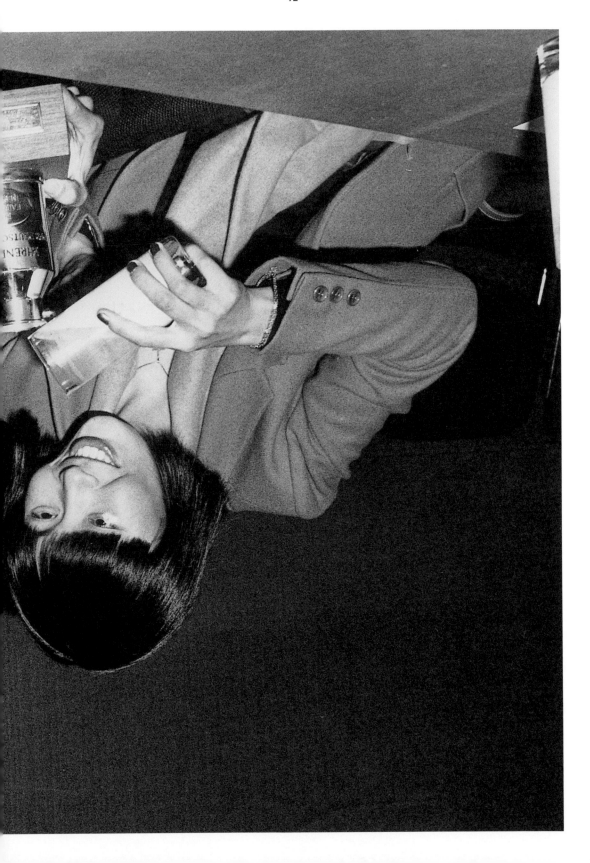

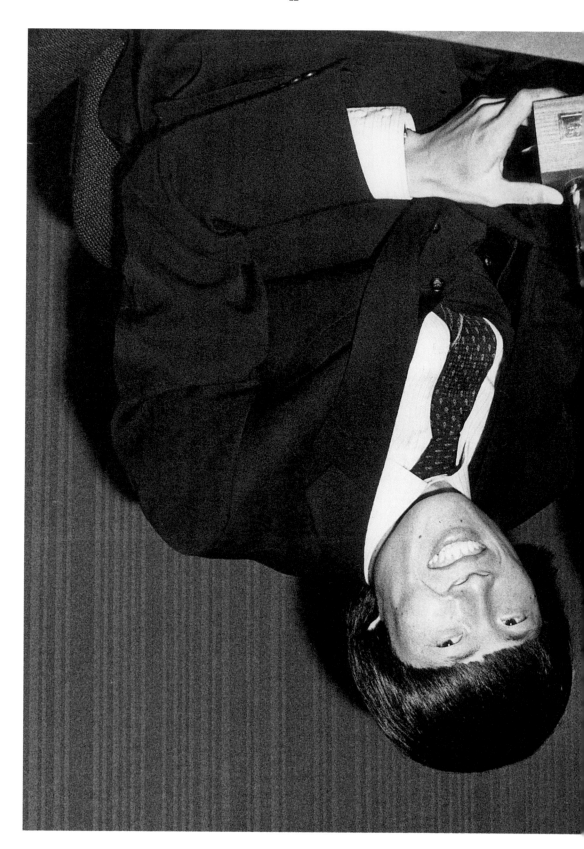

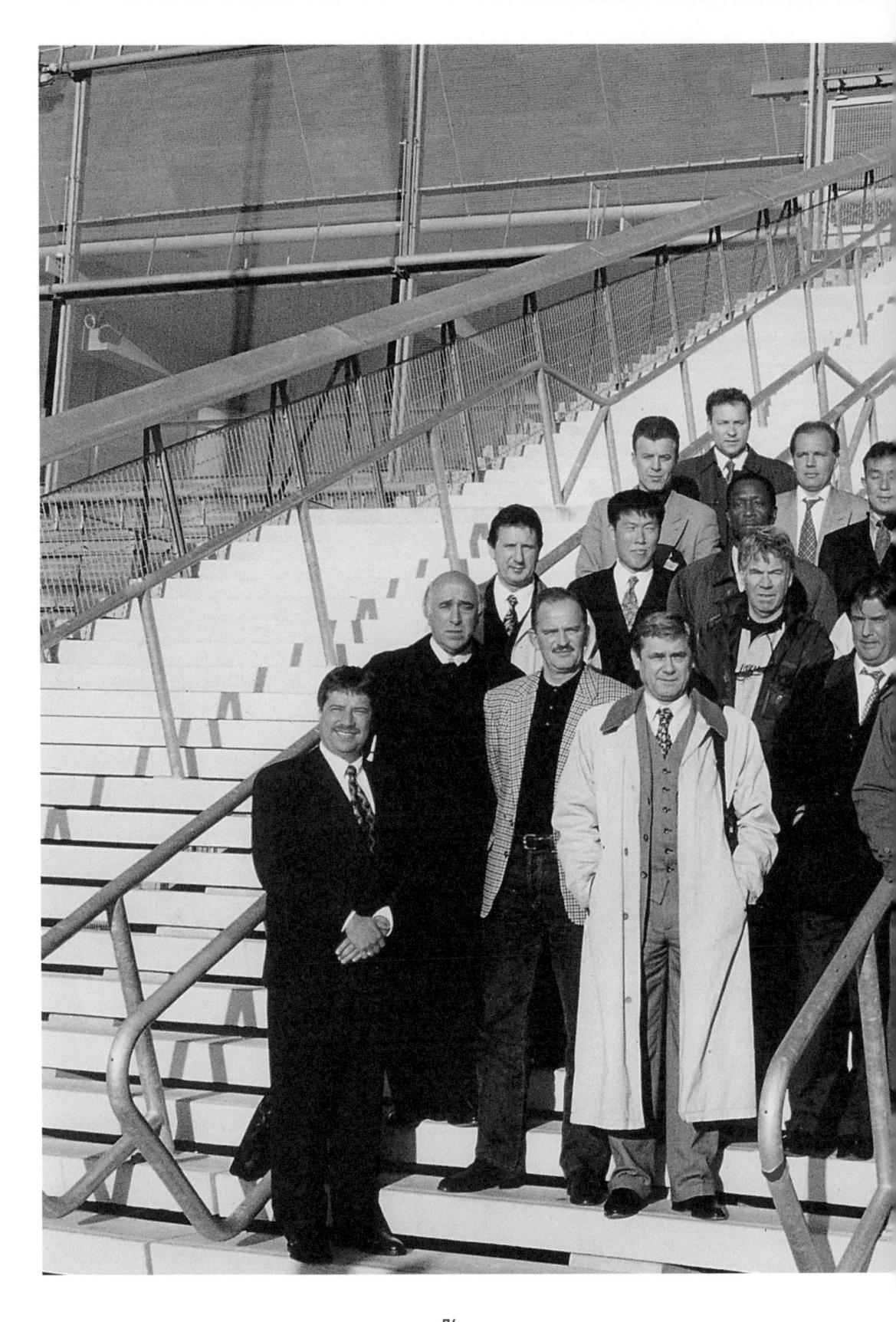

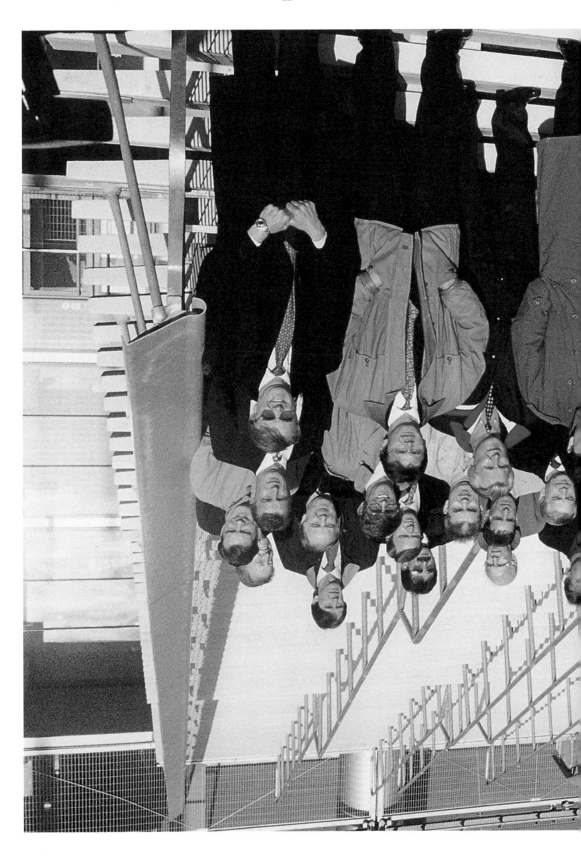

중간자적이고 중의적인

프랑크푸르트는 황제의 도시이자 민주주의의 도시다. 가장 독일적이면서도 가장
유럽적이다. 금융 중심지와 도서박람회장이 이웃하고, 대문호 요한 볼프강 폰 괴테와
축구선수 프란츠 베켄바워가 겹친다.

글 류청 사진 게티이미지코리아

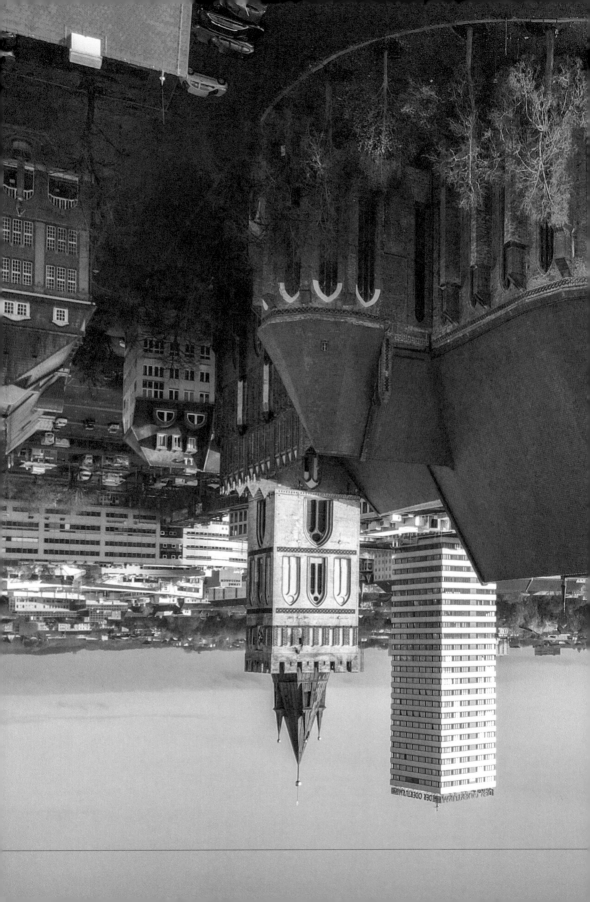

정체성과 상징성 그리고 고유성은 대개 단수다.
이들이 복수가 돼 정의하기 어려워지면 모든 게
흐려지기 마련이다. 글 쓰거나 말할 때는 명확한 게
좋다. 중의적인 무언가를 다루기란 쉽지 않다. 독일과
유럽의 금융중심지이자 세계적인 도서박람회를
열며 대문호 괴테와 축구선수 차범근을 함께
품고 있는 프랑크푸르트가 그런 도시다. 성격이
중간자적이고 중의적이다. 이름도 그렇다. 독일엔
프랑크푸르트라는 이름을 지닌 도시가 2개다. 여기서
언급할 프랑크푸르트 암 마인(Frankfurt am Main,
마인강 연안의 프랑크푸르트)과 오데르강 연안에
있는 프랑크푸르트 안 데어 오데르(Frankfurt an der
Oder)가 공존한다.

프랑크족의 여울

도시 이름은 많은 걸 담는다. 프랑크푸르트란 지명엔 역사가 녹아
있다. 프랑크족(Franken)의 여울(Furt)이라는 의미다. 현 서유럽 국가의
탄생과 통합을 상징하는 인물 카롤루스 대제(프랑스어로는 샤를마뉴,
740~814)의 전기(794년)에 처음으로 이 지명이 등장한다. 당시에는
Frankonovurd라고 표기됐는데, 뜻은 앞서 언급한 것과 같다. 역사에
따라 철자가 변하면서 19세기 초반부터 지금과 같이 쓰기 시작했다.
프랑크푸르트는 프랑크 왕국 황제 카롤루스 대제와 관련된 전설을
가지고 있다. 중세 연대기작가 폰 메르제부르크가 그 이야기를
언급했다. 카롤루스와 그의 군대는 작센 족과 전투에서 패해서
달아나다가 프랑크푸르트를 관통하는 마인강까지 몰렸고, 신의
은총으로 갑자기 사슴 무리가 여울로 강을 건너는 걸 보고 목숨을
구했다는 것이다. 이후 그곳을 프랑크푸르트라고 불렀다는 설명까지
덧붙였다.
이 전설은 사실이 아닌 상징성을 담고 있다. 카롤루스 대제가
프랑크푸르트에서 전투를 벌였다는 기록은 없으나 이곳에서
제국회의와 종교회의를 열었다는 기록은 있다. 유럽 기독교 제국의
고위 성직자와 고위 귀족들이 모여 제국의 정치와 경제를 논한
것이다. 카롤루스 대제의 아들 루트비히 1세 때는 카롤링거 왕조의
수도가 되며 더 큰 영예를 누린다.

신성로마제국 황제와 축구 황제의 만남

루트비히가 죽은 뒤 세 아들 사이에서 상속 문제가 불거졌고, 베르됭
조약을 통해 제국이 분단됐다. 프랑크푸르트는 동프랑크 왕국 황제

루트비히 2세가 수도로 삼으면서 독일 역사 중심으로 떠오른다.
이후에는 신성로마제국 황제 선출과 대관식을 거행하는 역사적인
장소가 된다. 정말로 '황제의 도시'가 된 것이다.
차범근과 동료들이 UEFA컵을 우승하고 돌아와 홈 팬들 앞에서
트로피를 들어 올린 뢰머(Römer)의 2층은 '황제의 방'으로 불린다.
실제로 신성로마제국 황제가 대성당에서 대관식을 가진 뒤 이곳에서
축하연을 열었고, 국민들은 뢰머 광장에서 맥주잔을 기울였다.
프랑크푸르트는 1806년 8월에 나폴레옹이 신성로마제국의 마지막
황제 프란츠 2세를 폐위할 때까지 그런 상징성을 유지했다.
1974년. 새로운 황제가 황제의 방에 나타났다. 1974서독월드컵에서
우승한 서독 축구 국가대표팀이 뢰머에서 축하 행사를 했다.
주장 프란츠 베켄바워는 별명이 '카이저(황제) 프란츠'였다.
이는 신성로마제국 마지막 황제 프란츠 2세와 겹친다. 제국은

끝났고, 독일은 제2차 세계대전에서 패한 뒤 나라가 반으로 갈라졌으나 월드컵 우승 트로피는 차지할 수 있었다. 서독 정부와 서독축구협회는 축하 행사를 기획하며 뢰머와 황제의 방을 가장 먼저 떠올렸을 것이다.

독일 민주주의의 상징

지독한 패전의 아픔을 겪었기에 찬란했던 제국의 향수를 떠올린 건 아니다. 프랑크푸르트는 황제의 도시인 동시에 민주주의의 도시이기도 하다. 1848년 5월 18일은 도시 역사상 가장 위대한 날로 기억된다. 독일 역사상 최초로 독일 연방 전역에서 국민들이 민주적으로 선출한 국회의원 850명 중에서 384명이 프랑크푸르트에서 열린 국민의회에 참석했다. 그들은 황제의 방에서 출발해 현재 독일 국기로 사용하는 검정–빨강–노란색 깃발을 앞세우고 행진해 바울교회로 들어갔다.

1963년 6월 25일 프랑크푸르트를 방문한 존 F. 케네디는 바울교회에서 연설 중 이런 말을 했다. "(바울교회를 제외한) 독일의 다른 어떤 건물도 독일 민주주의의 요람이라는 명예로운 호칭을 얻을 수 없을 것이다." 프랑크푸르트는 독일은 물론이고 전 세계적으로 자유와 민주주의를 상징한다는 걸 알 수 있는 순간이었다.

민주주의 전통을 지닌 프랑크푸르트는 서독의 유력한 수도 후보 중 하나였지만, 1949년 11월 11일 수도를 확정 지으려고 국회에서 한 비밀투표에서 176표를 얻어 200표를 획득한 본에 졌다. 프로이센과 바바리아 지역의 압력이 작용했다는 설명도 있지만, 무엇보다 초대 총리 콘라트 아데나워(Konrad Adenauer)가 자신의 집과 가까운 본을 선호한 게 컸다고 한다.

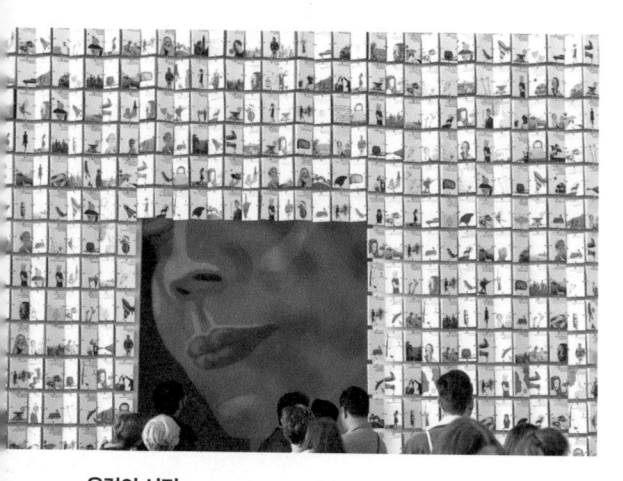

유럽의 시장

세계적인 대문호 윌리엄 셰익스피어는 〈베니스의 상인〉에
프랑크푸르트를 배경으로 썼다. 주인공 샤일록이 프랑크푸르트
정기시(정기 시장)에서 귀중한 다이아몬드를 샀다는 대목이다. 대서양
연안과 유럽 중부 내륙 가운데 있는 프랑크푸르트는 지리적으로,
환경적으로 상업이 발달하기 좋은 조건을 지녔다.

라인강과 마인강을 접한 프랑크푸르트는 지리적으로 두 교역로의
교차로였다. 바젤-스트라스부르크-퀼른을 거쳐 벨기에-네덜란드로
이어지는 남북 무역 축과 파리-마그데부르크-라이프치히로 이어지는
동서 상업 루트가 교차했다. 1150년에 작성된 문서에도 프랑크푸르트와
시장이라는 단어가 발견됐다. 1240년에는 신성로마제국 황제
프리드리히2세가 '장터 자유헌장'을 발표하며 프랑크푸르트 시장을
공식적으로 인가했다. 외국 상인에게는 보호장이었다.

"우리는 모든 사람이 프랑크푸르트 페어를 방문하는 데 필요한
개인적인 보호와 제국의 보호를 보장한다. 감히 이를 어기는 자는
황제의 처벌을 면치 못할 것이다."

상인 중에는 상업의 나라 이탈리아에서 온 이가 많았다. 이들이
살았던 집에 출신 지역 이름이 붙었다. 앞서 언급한 뢰머는 로마를
뜻하는 독일어다. 정기시가 열리는 동안에 뢰머 광장 주위에 있는
집들은 외국 상인들의 물건을 맡아주는 창고로 임대돼 수익을
올렸다. 프랑크푸르트는 그렇게 뢰머 광장을 중심으로 성장하기
시작했고, 셰익스피어가 〈베니스의 상인〉을 집필할 때는 '시장의
시장'이라는 명성까지 얻었다.

상대적으로 자유로운 도시 분위기도 성장을 도왔다. 종교개혁의
시대에는 많은 사람이 종교적 박해를 피해서 프랑크푸르트로
이주했다. 1555년 아우스부르크 종교평화회의 이후 도시는
더욱더 발전했다. 1586년에는 각국 화폐 유통을 원활하게 하려고
무역거래소를 설치했는데, 이는 현재 프랑크푸르트 증권거래소의

원형이라고 할 수 있다. 이런 역사는 현재진행형이다. 1998년에는
유럽 중앙은행을 유치했다.

도서박람회와 종교개혁의 뿌리

프랑크푸르트는 전 세계에서 가장 오래된 도서박람회를 이어가고
있으며 종교개혁의 정체성을 지닌 도시이기도 하다. 이는 이 도시가
지닌 중의성을 보여주는 또 하나의 확실한 예다.

도서박람회는 앞서 언급한 모든 것과 관련이 있다. 여기에 한 사람이
프랑크푸르트 근처인 마인츠에서 태어나면서 화룡점정을 했다.
유럽 인쇄 기술의 아버지 요하네스 구텐베르크(1398~1468년)다.
프랑크푸르트 로스마르크트 광장에는 구텐베르크와 그의
동업자이자 투자자인 요한 푸스트 그리고 구텐베르크의 인쇄
기술자이자 푸스트의 사위인 페터 쇠퍼의 동상이 서 있다.
구텐베르크는 발명가이자 낭만주의자였다. 아이디어와 그것을
실현할 기술은 있었으나 사업 수완은 좋지 않았다. 그래서 푸스트에게
돈을 빌렸다. 결국 구텐베르크가 죽은 뒤에 활자와 거푸집 그리고
인쇄기는 푸스트에게 넘어간다. 푸스트는 인쇄업을 본격적으로
시작했고, 1462년 프랑크푸르트로 사업장을 옮겼다. 프랑크푸르트는
그렇게 인쇄업 중심지로 자리 잡았다. 누구든 질 좋은 인쇄물을
찾으려면 이곳으로 와야 했기에 도서박람회가 싹틀 수 있었다.

> "프랑크푸르트에서 목격한 경이로운 사람(구텐베르크)에
> 관해 내가 전달받았던 모든 것은 사실이다."
> – 한 추기경이 친구에게 보낸 편지 중에서, 1455년

구텐베르크 인쇄기에서 나온 성경은 1517년 마틴 루터가 쓴
'95개조 반박문'으로 이어져 종교개혁을 이끌었다. 루터가 쓴 글은
대량으로 인쇄돼 2주 안에 독일 전역으로 퍼졌다고 한다. 인쇄기는
종교개혁뿐 아니라 독일어 보급도 이끌었다. 1680~1690년에는
프랑크푸르트 박람회에서 라틴어책보다 독일어책이 더 많이
판매됐다는 공식 기록도 있다.

독일의 아테네, 괴테의 고향

> "마치 소크라테스와 플라톤이 주재했던 아테네 학원
> (Lyceum) 골목으로 이동한 것처럼 프랑크푸르트에서
> 그들의 진지한 철학 강의를 들을 수 있다."
> – 앙리 에스티엔(1501~1540), 종교 박해를 피해 프랑스를 떠나
> 제네바로 이주한 출판인

프랑크푸르트는 수많은 도서와 함께 여러 사상을 받아들였다. 책이 가는 곳에 생각이 따라가기 마련이다. 에스티엔은 서적 골목(뷔허가세, Buchergasse)에서 책을 파는 상인들을 '프랑크푸르트의 아테네인'이라고 비유했는데, 그의 표현을 빌리자면 프랑크푸르트는 '독일의 아테네'였다고도 말할 수 있다. 도서박람회는 부침을 겪었으나 그 정신은 도시에 남았다. 프랑크푸르트는 다양한 박물관을 30개 넘게 보유하고 있다. 이런 특징을 가졌기에 독일을 넘어 전 유럽 최고의 문호 요한 볼프강 폰 괴테를 배출할 수 있었다. 무역과 사상 그리고 도서의 교차점에서 태어난 괴테는 가장 독일적이면서도 가장 세계 시민적 사고를 지닌 사람이었다. 이는 곧 프랑크푸르트가 지닌 정체성과도 같다. 계몽사상이 유행하던 시기에 프랑크푸르트에는 커피하우스가 많았다. 도시에서 발행되는 다양한 신문을 통해 정보를 얻은 시민들은 커피하우스에서 만나 열띤 토론을 벌였다. 프랑크푸르트 국립극장과 알테 오퍼(오페라하우스)는 수준 높은 연극과 음악회를 올렸다.

"프랑크푸르트의 장점 – 건강에 좋은 날씨, 멋진 경치, 대도시의 편의시설, 자연사박물관, 훌륭한 연극들, 오페라, 콘서트, 많은 영국인, 훌륭한 커피하우스, 나쁘지 않은 물, 셍켄베르크 도서관…"

– 아르투르 쇼펜하우어, 철학자, 콜레라가 퍼지자 베를린에서
프랑크푸르트로 이주해 사망할 때까지 거주

한국에서 유럽으로 가는 다리

프랑크푸르트는 한국에서 독일과 유럽으로 가는 넓은 다리다. 서울–프랑크푸르트 직항편은 1984년 5월 17일 처음으로 취항했다. 유럽 항로는 다양해졌지만, 프랑크푸르트는 여전히 한국에서 유럽으로 가는 주요 항로 중 하나다. 사람이 만든 오래된 인연도 있다. 차범근이 1979년 아인라흐트프랑크푸르트에 입단하면서 인연을 맺었다. 축구를 좋아하지 않는 한국 여행자도 프랑크푸르트 지하철역 기둥이 차범근 사진으로 둘린 걸 보면 감격할 수밖에 없다. 차범근의 아들 차두리도 2005년 '아버지의 팀'을 1부로 올린 뒤 '황제의 방'에 섰다. 2006독일월드컵에서 한국이 토고를 꺾고 월드컵 원정 첫 승을 거둔 곳도 프랑크푸르트다. 한국 정원도 있다. 한국은 2005년 프랑크푸르트 도서박람회 주빈국이었다. 한국은 이를 기념해 프랑크푸르트에 한국 정원(2015년 화재로 소실)을 선물했다. 그뤼네부르그 공원 내에 4800㎡ 크기로 정원을 조성하며 기왓장을 얹은 정자와 연못을 만들어 한국 분위기를 냈다. 차범근도 이 정원을 걸으며 프랑크푸르트의 다양성을 생각할 기회가 있었는지 궁금하다.

김덕기 Kim Duk Ki

1976년 현대경제일보(현 한국경제신문) 입사 / 축구전문 대기자

사물은 어디서 어떻게 보느냐에 따라 다르다. 김덕기
대기자는 차범근이 독일 분데스리가에서 뛸 때 독일로
날아가 직접 취재했다. 그는 차범근의 진면목은 가까이서
봐야 알 수 있다고 강조했다.

인터뷰 류청 사진 이연수

차범근을 언제부터 보셨나요?

선수로서는 공군(1976~1979년)에 있을 때부터 봤던 것 같아요.

**1978년에 다름슈타트에 진출했다가 병역 때문에 한국으로
돌아왔습니다. 당시 기사를 찾아보니 서독 하원 부의장이 다시
차범근을 보내달라고 문교부에 서한도 보냈더라고요. 당시
분위기가 어땠는지 궁금하네요.**

정확하게 증언하기는 어렵지만, 축구 종사자들은 보내라는
입장이었던 거 같아요. 원칙을 고수하는 사람들은 제대하고
보내라고 했죠. 당시에는 선수도 당연히 군대에 가는 걸로
생각했어요. 군대팀 간 경쟁도 치열했죠. 해병대 축구단 멤버가
좋아서 많은 선수가 지원하기도 했어요.

처음 봤을 때부터 남달랐나요?

축구밖에 모르는 외골수라는 평가가 지배적이었고, 제가 봤을
때도 그랬어요. 실력도 당연히 뛰어났어요. 고등학교 3학년 때
국가대표팀에 들어갔으니까요. 정말 뛰어났어요.

**당시에는 나이 차이가 크지 않은 허정무와 조광래도 좋은
선수였다고 들었습니다.**

두 사람과 거의 동년배였지만, 차범근은 2~3년 정도 선배로
구분됐어요. 차범근은 어렸을 때부터 대표급이었고, 두 사람은 준
대표급이었죠. 격이 좀 달랐어요. 비교 대상도 선배였죠. 차범근이
앞으로 뛰어나갔고, 그런 차범근을 향해 뒤쫓아가는 그룹이
있었다고 보면 될 거예요.

대표팀 데뷔 때부터 선배들보다 좋은 기량을 보였다는 건가요?

시간이 가면서 일부 선배들을 훨씬 능가했어요. 당시 에이스는
이회택, 박이천, 정병탁 같은 선수들인데 아마 본인들은 어떻게
생각할지 몰라도, 그 정도 사람들과 비교해도 손색이 없을 정도로
인정받았죠.

당시 〈MBC〉에서 분데스리가 하이라이트를 방송했어요.

1977년부터 했고, 당시 해외 축구 중계는 분데스리가밖에 없었어요.
50분짜리 녹화 중계였는데, 압축하니 축구가 더 재미있었습니다.

분데스리가가 위상이 높았나요?

오직 분데스리가였죠. 지금은 스페인, 잉글랜드, 이탈리아 등 다양한 리그를 볼 수 있는데, 그때는 오직 분데스리가였어요. 아마 권위도 최고였으니 세계적으로 유명한 선수들이 분데스리가로 모였을 거예요.

분데스리가에서 뛰는 걸 어떻게 봤나요? 팬과 기자, 각각의 느낌이 궁금합니다.

대표팀 경기나 해외에서 뛰는 선수의 경기를 보면, 기자의 객관성이 상실되잖아요. 지금 손흥민을 보는 느낌이라고 보면 될 거 같아요.

사실 국내에서 차범근이 분데스리가에서 골 넣는 장면을 제대로 본 사람은 드뭅니다.

저는 상당히 많이 본 편이에요. 차범근이 넣은 골이 귀한 것은 10시즌 동안 꾸준했기 때문이에요. 손흥민은 주위 도움을 더 많이 받아요. 차범근은 그렇게 도움 많이 못 받았어요. 제가 보기엔 경기 중에 차범근에게 공을 줄 수 있는 상황에서도 다른 선수에게 주든가 자기가 처리하는 장면도 많았어요. 주위 도움이 많았으면 골을 더 많이 넣었을 거예요. 오로지 스스로 만든 98골이에요. 소위 '떠먹여주는' 골은 없었어요.

독일 취재도 직접 가셨죠?

두 번 갔어요. 마지막이 1986년도 2월이었어요. 그게 왜 기억이 남냐면 1986멕시코월드컵을 앞두고 대표 선수들이 독일(당시 서독) 뒤스부르크에서 합숙했어요. 당시 프랑크푸르트 공항에 아내 오은미 씨가 픽업하러 왔어요. 차범근 집에서 1박 하고, 차범근 차를 타고 뒤스부르크에 같이 갔었죠. 독일 취재기를 남성잡지에 쓴 적이 있어요. 차범근이 독일 갔을 때 한국 사람이나 교민들이 건방지다는 평가를 많이 했어요. 현지에서 차범근을 만나서 짧은 시간 본 느낌은 그의 24시간은 오로지 축구를 위해 존재한다는 거였어요. 그걸 오은미 씨가 만들어준 거죠. 시간을 다 쪼개서 빈틈이 없었어요. 한국에서 누가 와도 자기 시간을 낼 수 있을 때 만난 거죠. 독일 교민들도 유명한 차범근 만나서 밥 먹고 사진 찍고 싶은 게 당연하죠. 그런데 그걸 다 거절한 거예요. 사실 모든 걸 거절해서 차범근이 10년 동안 뛸 수 있었던 거예요. 스테이크도 맛으로 먹은 게 아니라 약으로 먹었다더라고요. 차범근은 오은미 씨가 있어서 성공할 수 있었다고 봐요. 이 책에서라도 차범근의 내면을 알려줘야 해요. 그런 성과는 아무나 이룰 수 있는 게 아니에요. 차범근 다음에 해외에 나갔던 선수들을 보면 알 거예요.

당시 한국엔 프로 리그도 없을 때인데 엄격한 프로처럼 생활했네요.

오은미 씨는 선각자예요. 그걸 차범근이 받아 준 거죠.

독일 취재는 어떻게 다녔나요? 직항편은 있었나요?

유럽은 거의 알래스카를 거쳐서 갔어요. 보통 하루, 23시간 이상 걸렸죠. 아마 알래스카에서 쾰른으로 갔던 것 같아요.

그런 상황이니 유럽에서 뛰면서 한국이나 아시아에서 하는 국가대표 경기에 참가하기 어려웠겠어요.

차범근은 분데스리가에 진출한 이후로 1986멕시코월드컵 본선에서만 뛰었어요. 올 수가 없었죠. 항공편도 적고 직항도 아니었죠. 게다가 지금처럼 공식적으로 A매치데이가 있는 것도 아니었어요. 지금도 각 리그 팀들이 선수 안 보낼 때도 있잖아요. 과거엔 거의 그랬어요. 그래서 차범근을 월드컵 본선에 내보내려고 대표팀이 독일 전지훈련을 간 거예요. 레버쿠젠에서는 못 미더웠는지 대표팀에 팀 소속 마사지사를 보냈어요. 사실 예선전에서도 대표팀 차출 논란이 있었어요. 훈련을 해야 하는데 경기만 뛸 수 있었으니까요. 결국 월드컵 본선만 뛰었어요.

결과적으로 국내 팬들은 차범근의 분데스리가 활약도 잘 보지 못했고, 대표팀에선 아예 볼 수도 없었어요. 잘하는 걸 알지만 실상은 모르는, 환상 같은 게 생겼겠네요.

잘한 걸 눈으로 확인할 수 없었죠. 레버쿠젠 간 이후로는 중계도 한동안 없었어요. 언론 보도 내용도 지금처럼 자세하지 않았죠. 경기 결과만 나오는 정도였어요. 독일에선 차범근을 인정했어요. 선수들도 그랬죠. 상아제약 광고를 찍으면서 엑스트라로 레버쿠젠 소속 아마추어 선수를 썼는데 그 선수가 차범근을 신처럼 대하더라고요.

차범근은 어떤 의미로 남았을까요?

차범근이 있어서 뒤에 있는 후배들도 유럽에 나갈 수 있었던 것만은 확실합니다. 2002한일월드컵이 끝나고 독일에 갔는데 시골마을에서도 저보고 차붐 아냐고 물어보더라구요. 차범근은 대단한 일을 했습니다.

하석주 Ha Seok Ju

월드컵 국가대표(1994, 1998) / 아주대학교 축구부 감독

하석주는 차범근이라는 인물의 다양한 측면을 기억한다.
그와 특별한 인연이 있다. 하석주는 축구선수 차범근부터
인간 차범근까지 다양한 얼굴을 묘사했다.

인터뷰 이종현 사진 이연수

남다른 인연이 있어요. 먼저 서울 경신중학교 선후배 사이지요?

경신중학교로 진학하고 처음으로 들은 이야기가 "우리 학교는
역사가 깊은 축구부를 가졌다. 그리고 차범근이 나온 학교다"였어요.
그 말을 듣고 굉장히 흐뭇했던 기억이 있어요.

차범근의 선수 시절 플레이를 본 기억이 있나요?

대표팀 경기를 하면 삼삼오오 텔레비전 앞에 모여서 본 기억은
있는데, 흑백텔레비전이라 화질이 좋지 않았어요. 그렇지만 확실히
다른 선수보다 빨랐고, 힘이 좋았던 것만은 기억해요.

축구인들 사이에 '차범근 성공 신화'가 있다고 들었어요.

저도 축구선수 차범근에 대한 소문을 많이 들었어요. 집과
운동장밖에 몰랐고, 유럽 선수와 싸워서 이길 수 있는 체격을 만들기
위해서 노력을 많이 했다고요. 사모님이 매번 식사 때 굉장히 크고
두꺼운 스테이크를 기름에 살짝 튀겨서 내줬다고 해요. 차범근
감독님은 피가 뚝뚝 떨어지는데 그걸 계속해서 드셨고요. 저녁
10시만 되면 사람을 안 만나고 휴식하며 절제된 생활을 했다고도
들었어요. 그러면 멀리서 온 사람들은 서운했을 수 있죠. 여러 가지
오해의 소지도 있는 것 같은데, 저 역시 축구 선수로 성공하기 위해
노력한 사람이기 때문에 그런 행동은 충분히 이해가 가요. 한창
뭐든 하고 싶은 나이인데, 축구로 뭔가 일궈내기 위해 많은 것을
포기했다는 것 자체만으로도 대단하다고 생각해요.

**동경의 대상이었을 것 같아요. 분데스리가 진출이 요즘도 쉬운
일은 아니잖아요.**

선수들이 해외에 나가서 성공하기 시작한 건 2002한일월드컵

이후인 것 같아요. 그전에는 가끔 한두 명이 나가긴 했는데 실패를 더 많이 했던 것 같고요. 늦은 나이에 나간 게 문제였기도 했고, 말도 안 통해서 힘들었을 거예요. 저 역시 해외 리그에 도전하려고 했는데, 여러 가지 겁이 났던 것 같아요. 차범근 감독님은 그런 저보다도 앞선 세대예요. 그런데 어려움을 딛고 스스로 노력해 성공하셨으니 정말 대단하다는 말밖에 할 말이 없죠.

차범근이 기본기가 좋다는 것에 놀라는 사람들도 많더라고요.
사실 저도 차범근 감독님이 기본기가 잘 잡혀 있을 거라고 생각하지 않았어요. 워낙 축구를 제대로 배울 수 없는 시대였으니까요. 그런데 1998프랑스월드컵 감독으로 부임하시고 선수들 앞에서 직접 시범을 보여주시는데 정말 놀랐던 기억이 있어요. 인사이드 패스나 헤딩이 임팩트가 딱딱 맞더라고요. 그걸 보고 '어릴 때부터 기본기를 정말 중시하셨겠구나' 싶더라고요. 사실 제가 어릴 때도 기본기를 배워봤자 패스나 볼 트래핑이 전부였거든요. 살아남기 위해 혼자서 정말 많은 노력을 하신 것 같아요. 감독님의 스타일로 짐작건대, 운동장에 가장 먼저 나가고 가장 나중에 나왔을 거예요.

1998프랑스월드컵 당시 독일에서 배운 시스템으로 훈련시켰다고 하던데 기억나는 것들이 있을까요?
훈련 방법 차이는 아주 크지 않았던 것 같아요. 그런데 경기하기 전에 몸을 푸는 것 등은 직접 시범으로 보여주셨죠. 지금으로 따지면 코디네이션의 개념인데, 차범근 감독님은 경기 전에 준비해야 하는 것들을 강조하셨어요. 그런 걸 보면 선수 시절에도 굉장히 집중하고 진지하게 하셨던 것 같아요. 가끔 오전 개인 운동 시간에 웨이트 하러 가면 늘 감독님이 계셨어요. '헉헉' 소리를 지르면서 매일 달리셨죠. 허벅지도 정말 두꺼웠고, 진짜 무서웠던 기억이 있어요(웃음). 자기 관리가 대단했죠.

분데스리가에서 10년을 뛰면서 옐로카드 단 한 장만 받은 선수 차범근의 심경을 이해할 것 같아요.
저는 사실 경고를 몇 개 받은 줄 알았는데… 처음 안 사실입니다. 상대로부터 거친 반칙을 당했을 텐데, 냉정하고 차분하게 축구만 하신 것 같아요. 대부분의 경고는 상대의 거친 반칙에 대응하다가 나오는 경우가 많으니깐요. 정말 대단한 것 같아요.

롤 모델을 프랑스월드컵에서 사제지간으로 만났어요. 그러나 결과적으로 그 끝은 좋지 못했어요.
멕시코전 퇴장은 제 프로 생활에서 당한 유일한 퇴장이에요. 학창 시절에도 퇴장은 당한 적이 없었어요. 그런데 결과적으로 저 때문에 감독님이 월드컵 도중 경질당했다고 생각하니 한순간에 롤 모델에게 죄인이 된 거죠. 당시에는 저도 제 처신을 어떻게 해야 할지 혼란스러웠어요. 누가 해코지할까 너무나 두렵기도 했고요. 이후 몇 번 만날 기회가 있었는데 피하게 되더라고요. 사죄할 타이밍을 놓치니까 그렇게 20년이 흘렀어요. 돌고 돌아 늦게라도 만날 거라고 생각했는데, 많이 늦었지만 방송을 통해서라도 만나서 다행이에요.

그 만남이 20년 만의 재회였잖아요. 그 인연으로 최근에도 만남을 이어오고 있다고 들었어요.
최근 감독님과 골프를 치러 다니고 있어요. 거기서도 놀랐어요. 골프도 정말 신중하게 치시더라고요. 또 승리욕이 얼마나 강한지 골프 칠 때 옆에서 떠드는 것도 싫어하시고, 집중을 엄청 하시더라고요. 그걸 보고 어릴 때 지도자가 뭘 시키면 엄청 집중해서 반복 훈련을 했던 감독님 모습이 딱 그려졌어요. 사실 기본기 훈련은 재미가 없어요. 그런데 차범근 감독님은 어릴 때 외국에서 배운 것도 아니고, 한국에 쭉 있다가 나갔는데도 기본기가 좋아요. 정말 놀라운 일이에요.

하석주에게 차범근이라는 사람은 어떤 의미인가요?
국민적 영웅이었고, 저에게는 우상이었죠. 감독님과 정말 재미있게 축구를 했어요. 축구 붐도 일으켰고 그 유명한 '도쿄대첩'도 함께 만들었어요. 그런 감독님이 저 때문에 경질됐으니 항상 죄송한 마음을 안고 살았어요. 그런데 "너를 한 번도 원망하지 않았다"라는 말을 해주시더라고요… 이제 마음의 짐을 조금은 덜게 된 것 같아요. 감독님은 우리가 가장 어려웠던 시기에 나타난 '히어로' 같아요. 그분을 보고 많은 사람이 희망을 얻었고, 저를 포함해 선수들은 꿈을 키웠어요. 항상 감사하죠. 우리 마음속에 영원히 기억될 불세출의 영웅이라고 생각해요.

차붐은 축구로 말한다

글 서형욱
풋볼리스트 대표, MBC 축구해설위원

벌써 20년 전 일이다. 스물여섯 살 되던 해에 처음 비행기를 탔다. 유럽 축구를 꼭 현장에서 보고야 말겠다며 큰 용기를 냈다. 굳이 '용기'라는 표현을 쓴 건 결코 쉬운 결정이 아니었기 때문이다. 제주도조차 가본 적 없던 서울 촌놈에게 유럽 행은 모든 게 신비로웠다. "탑승할 때 신발 벗어야 해", "비상용 낙하산 비용도 따로 지불했지?" 지금 생각하면 말도 안 되는 농담에 귀가 솔깃할 만큼, 해외여행은커녕 비행기 탑승조차 언감생심이던 때였다.

운 좋게도 대학을 졸업하기 전 TV에서 축구 해설자로 일할 기회를 얻었다. 그땐 이 일을 이렇게 오래 하게 될 줄 몰랐다. 5개월 열심히 중계해 모은 300만 원을 탈탈 털어 유럽 여행 준비에 쏟아부었다. 다녀오면 빈털터리가 될 각오를 한 셈인데, 기약 없이 대학 졸업반이 될 신세였던 나로선 이번이 아니면 영원히 못 갈지도 모른다는 생각이 컸던 모양이다. 다행히 그 뒤로도 여러 차례 다녀올 기회를 얻었지만, 그래도 2001년 2월 첫 유럽 축구 여행만큼 강렬한 기억은 없는 것 같다.

3주간의 유럽 여행은 오로지 축구에 초점을 맞췄다. 프리미어리그와 세리에A, 챔피언스리그 경기들을 보며 이 일을 업으로 삼고 싶다는 마음이 더욱 커진 채 귀국길에 올랐다.

그 시절 유럽 배낭여행에는 일종의 '디폴트' 코스가 있었다. 이를테면 '런던 in, 파리 out'은 교과서처럼 여겨지는 루트였는데, 런던에 프로축구팀이 12개나 있다는 점에서 첫 선택엔 어려움이 없었다. 고민은 서울 행 비행기를 어디서 타느냐였다. 마침내 택한 도시는 프랑크푸르트였다. 대한민국의 영웅, 한국 축구의 레전드 '차붐'의 신화가 살아 숨 쉬는 바로 그곳!

여행의 끝자락에 도착한 프랑크푸르트에서는 딱히 할 수 있는 게 없었다. 돈도 체력도 다 떨어져 모든 게 바닥이 난 채로 공항 로비에 앉아 하염없이 이륙 시간만 기다렸다. 바로 그때, 건너편 테이블에 앉아 나를 바라보던 노부부가 나란히 걸어오더니 앞에 멈춰 섰다. 그리곤 조용히 물었다. "일본인이오, 중국인이오? 우리가 내기를 했거든." 3주간 참 많이도 들었던 질문을 마지막 순간 또 한 번 듣게 되다니. 순간 짜증이 치밀었다. "코리안입니다. 코리안. 이즈 잇 오케이?" 그때 재미있는 일이 벌어졌다. 머리를 긁적이며 미안하다고 말하는 할아버지와 달리, 옆에 선 할머니 표정이 환하게 변한 것이다. 그러더니 물었다. "그래요? 차붐은 어떻게 지냅니까?"

'아니 이게 무슨 소리지? 이 할머니가 어떻게 차붐을 아는 거야?' 중국인인지 일본인인지 묻는 말에 잔뜩 구겨졌던 인상이 절로 펴졌다. "차붐을 어떻게 아세요?" 할머니는 자기가 예전에 레버쿠젠에 살았다며 차붐이

차범근은 축구로 세상에 기여할 수 있다고 믿는다. 꿈과 소명을
따르는 삶은 여전히 진행형이다.

정말 대단한 선수였고, 멋진 신사였다며 '정말로' 안부를 궁금해했다. '김치'도 안다면서 옛이야기를 회상하며 웃는 할머니와 서로의 모국어가 아닌 영어를 섞어 손짓, 발짓으로 몇 마디 얘기를 더 나누었다. 뜻밖의 장소에서 갑작스레 '국뽕'을 맞은 기억은 오랜 시간이 지난 지금도 쉽게 잊히지 않는다.

대화 속 '차붐'을 처음 만나게 된 건 그해 가을이었다. 〈MBC〉로 일터를 옮기게 되면서 자연스레 인사 나눌 기회가 생겼다. 같은 방송사의 축구 해설위원으로 일하게 된 셈인데, 말이 같은 해설위원이지 내겐 여전히 다른 세상 사람 같은 존재였다. 함께 있는 모든 순간이 영화 같았다. 때마침 나는 신생 스포츠 신문사에 축구부 막내 기자로 입사했다. 축구 기자로 일하게 되면서 축구계 안팎의 더 많은 사람을 만날 수 있었다. 해설자로, 기자로 일하는 동안, 그저 팬으로 남아 있던 때의 환상이 깨지는 경험을 참 많이 했다. 선수들 가운데 유럽 축구를 가끔이라도 챙겨보는 사람이 아무도 없다는 것, 감독들 가운데 코칭 수업을 받아본 지도자가 극히 드물다는 것은 그 시절 내가 알게 된 것들 가운데 가장 놀라운 사실이었다. 지금에야 많이 달라졌지만, 당시만 해도 '축구를 사랑하는' 느낌을 주는 경기인들을 만나기가 참 어려웠다. 아마 내가 만났던 분들만 그랬는지도 모르겠다.

'차붐'은 달랐다. 이걸 처음 깨닫게 된 건 2003년 1월이다. 굉장히 소소한 에피소드라 말하기 쑥스러운데, 그래도 나에겐 아주 소중한 추억으로 남아 있는 장면이다. 당시 경남 남해에서 아시아 3개국 클럽팀 친선축구대회가 열렸다. 일종의 프리시즌 대회로 〈MBC〉에서 중계가 잡혀 내려가게 됐다. 차범근과 내가 각각 한 경기씩 중계를 맡았고, 모든 일정이 끝난 뒤 중계팀과 함께 현지 관공서에서 마련한 식사 자리에 초대됐다. 10여 명이 모인 자리는 차붐을 향한 떠들썩한 인사와 함께 시작됐다. 하지만 자리는 이내 조용해졌고, PD들과 현지 공무원들의 어색한 대화만 간헐적으로 오가고 있었다. 나로선 이 풍경이 좀 당혹스러웠다. - 아마도 다들 어려워서 그랬을 것이다 - 식탁 앞에 앉아 음식이 나오길 기다리던 차붐에게 누구도 말을 건네지 않았다. '얼마나 많은 축구 팬이 차붐과 함께 밥 한번 먹는 게 소원인데,' 아직 어린(?) 축구 팬이기도 했던 나는 레전드의 침묵이 길어지자 괜히 조바심이 나기 시작했다. 무슨 말이든 건네야겠다고 마음먹고, 당시 진행 중이던 UEFA 챔피언스리그 얘기를 꺼냈다. 무뚝뚝하게 앉아 있던 차붐의 표정이 순간 환하게 밝아지던 그 모습을 아직도 또렷이 기억한다. 차붐이 그때나 지금이나 변함없는 건, 축구

얘기를 나눌 때 - 어르신께는 송구하지만 - 언제나 정말 '해맑은' 표정을 짓는다는 사실이다. '차범근'이라는 레전드에게 내가 "축구를 정말 사랑하는 사람"이라는 수식어를 붙이는 것도 이러한 기억과 무관치 않다. 축구계에서 20년 넘게 일하는 동안, 차붐은 내가 만난 모든 (전현직) 축구선수 가운데 축구 얘기 나누는 걸 가장 좋아하는 분이다. (개인적으로 매긴 순위에서 차붐은 차두리, 기성용, 구자철과 함께 최상위권을 형성한다!)

축구 팬이었다가 이 분야에 직업을 얻게 된 사람들이 공통적으로 놀라는 것 중 하나는, 우리가 이른바 '축구인'이라고 부르는 경기인 출신들이 의외로 축구 얘길 안 한다는 점이다. 오로지 자신의 과거 전성기, 또는 지금 맡고 있는 팀의 얘기에 대해서만 즉각적으로 반응할 뿐, 그 외의 축구에는 관심도 없는 경우가 아주 많다. '차붐'은 다르다. 지금도 국내외 많은 경기를 자택에 마련한 거대한 스크린 TV를 통해 생중계로 시청한다. 언젠가 TV 중계가 없는 경기를 보기 위해 주위의 도움을 받아 아프리카TV에 접속했다고 웃으며 얘기하신 적이 있다. "아니, 진행하는 사람(BJ로 추정된다)이 욕을 너무 많이 해~" 껄껄 웃는 차붐에게 "내가 차범근인데, 하고 밝히시지 그러셨어요" 웃으며 답했던 기억이 난다. 정말 그랬다면 그 '진행자'는 이렇게 답하지 않았을까? "네가 차범근이면 나는

차두리다!"

이 일을 하지 않았다면 여전히 범접할 수 없는 존재였을 최고의 축구 레전드를, 운 좋게 같은 방송사에서 일한 덕분에 자주 뵐 수 있었다. 그리고 알면 알수록, 축구인 이상의 '어른'으로 경외심을 품게 됐다. 불과 몇 년 전까지도 선수 시절과 똑같은 체중을 유지하던 철저한 자기 관리, 몇 달만 관심을 놓으면 따라잡을 수 없는 세계 축구 트렌드를 수십 년째 자연스레 꿰고 있는 열정. 축구를 직업이나 돈벌이로 생각했다면 유지할 수 없는 경지의 것들이라고 생각한다.

차붐의 진가는 축구를 진정 사랑하고, 축구로 얻은 것들을 축구에 돌려주고 싶어 하는 마음, 그 이상에 있다. 예나 지금이나 차붐은 이 나라와 사회가 젊은이들에게 많은 걸 줄 수 있는, 그리고 좀 더 살기 좋은 세상이 될 수 있기를 진심으로 바라는 인물이다. 그걸 꼭 정치의 방식으로만 구현할 수 있다고 보진 않는다. 수십 년 동안 이어진 정치권의 러브콜을 한결같이 거부해왔던 것도 그래서다. "축구교실에서 그러고 있지 말고 큰일 한 번 해보시라"는 제안을 "이 일이 정치보다 더 중요합니다"라며 단호하게 거절했다. 축구를 가벼이 여기는 이들에게 우호적이지 않은 건 그가 단순히 축구인이기 때문만은 아니다. 차붐은 진심으로 믿는다. 축구가 사회에 기여하는 바가 크고, 또 자신의 사명은 바로 그 축구를 통해 공헌하는 것이라고. 차붐을 얘기할 때 많은 사람이 간과하는 것 중 하나가 '차범근축구교실'이다. 차붐은 유소년 축구 발전만이 한국 축구의 살길이라는 신념으로 국내에 처음 연 축구교실을 지금껏 운영하고 있다. 우리나라는 학원 축구에서 클럽 축구로 전환된 역사가 그리 길지 않다. 1990년, 일찌감치 축구교실을 설립한 차붐의 선택은 개인의 영달을 위한 것이 아니었다. 차붐의 진심 어린 의지는 가장 힘든 시기에도 축구교실 운영을 중단하지 않았던 과거에서 확인된다. 차붐은 1998프랑스월드컵 이후 한동안 심한 고초를 겪었다. 당시 국내 언론의 집중포화는 가히 폭력적인 수준이었다. 명승부를 연출하며 본선 진출에 성공할 때만 해도 전국적인 찬사를 받던 감독이다. 그런 감독이 대회 도중 경질되고, 죄인 취급을 받았다. 나중에 차두리(현 오산고등학교 감독)에게 들은 바에 따르면 어른들 없는 집으로 기자들이 물밀듯 "쳐들어왔다"고 했다. 이후 축구계 승부 조작 폭로 인터뷰로 대한축구협회로부터 불합리한 자격정지 징계까지 받은 차붐은 쓸쓸히 고국을 떠나 중국에서 지도자 생활을 하면서도 축구교실 운영은 중단하지 않았다.

한국 축구의 레전드로 불리는 차범근이 진짜 위대한 이유가 여기에 있다. 화려한 현역 시절을 보낸 스타들은 각계각층에 부지기수다. 하지만 차붐처럼 최고의 커리어를 가진 인물이 현역 은퇴 이후에도 꾸준히 자기 영역에 관심을 갖고 또 그 분야의 미래를 위해 투자하는 모습은 보기 쉽지 않다. 스포츠가 우리 사회에 긍정적인 영향력, 나아가 사회 발전의 동력이 될 수 있다는 믿음을 갖고 자신의 소명을 쏟아붓는 모습 역시 마찬가지다. 하지만 나에게 차붐이 한국 축구에 소중하고 남다른 존재로 여겨지는 가장 큰 이유는 뭐니 뭐니 해도 축구 자체에 대한 그의 한없는 애정이다. 축구를 얘기할 때면 언제나 10대 소년처럼 반짝이는 눈빛을 가진 레전드의 모습이 앞으로도 오래도록 많은 이에게 기억되었으면 좋겠다.

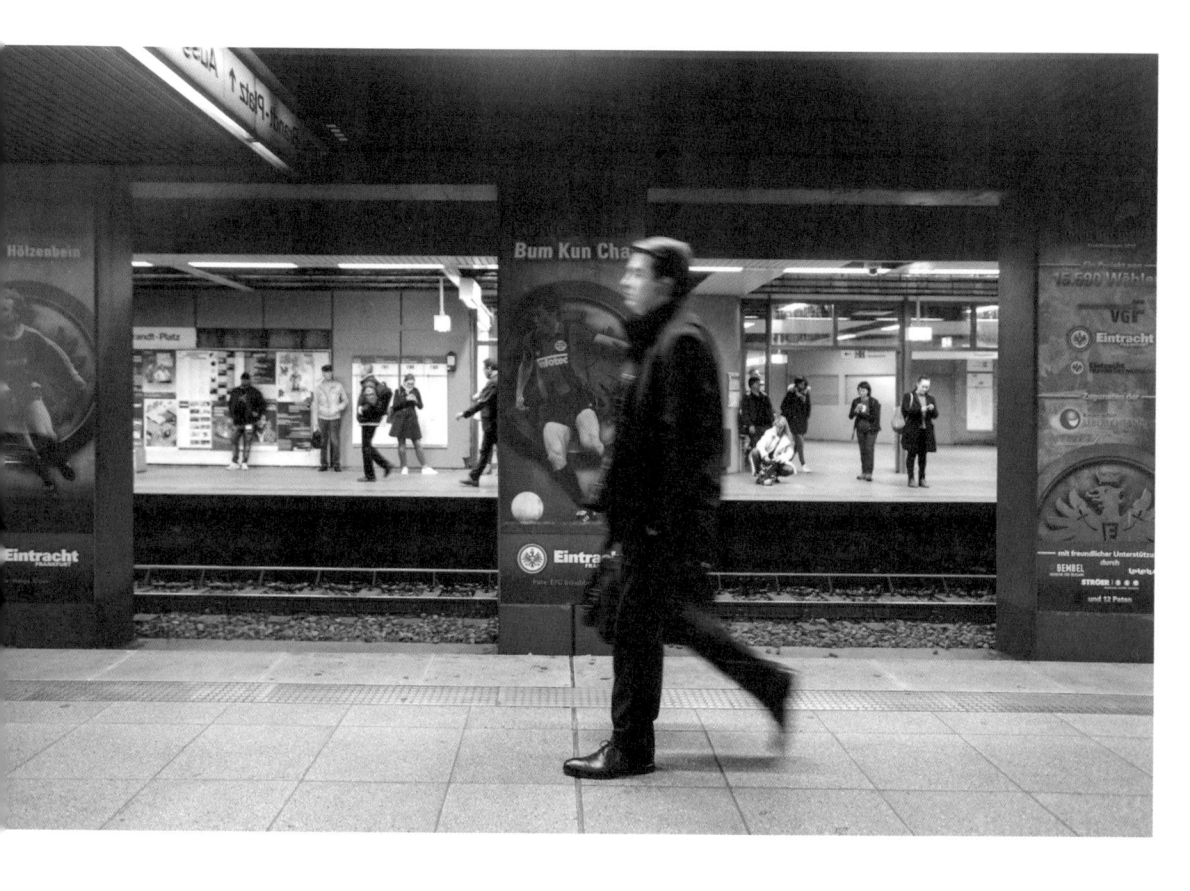

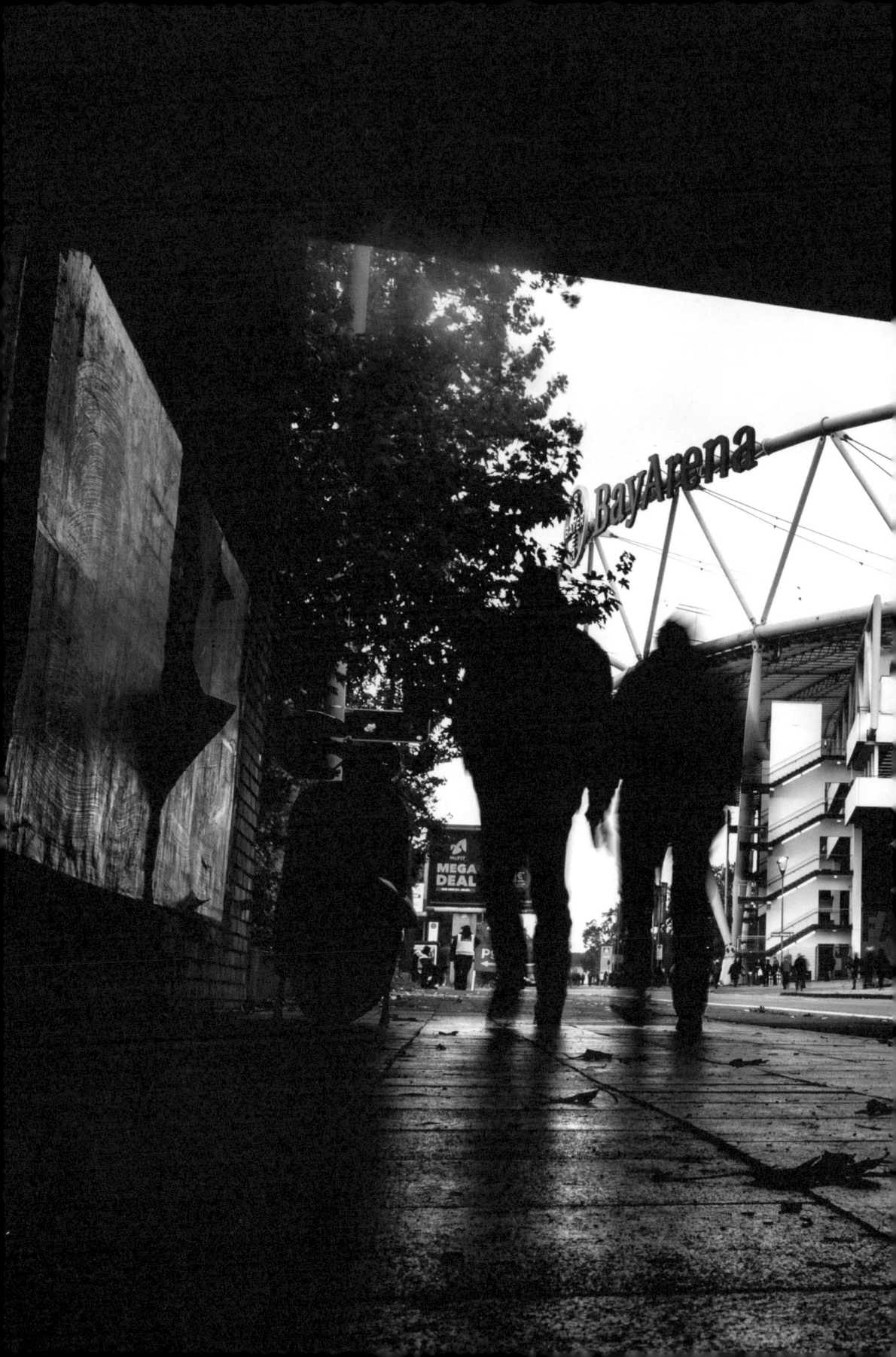

아스피린 그리고 축구

레버쿠젠은 내세울 게 별로 없다. 아스피린을 만드는 세계적인 제약회사 바이엘 본사가
있고, 그게 도시 정체성 절반 정도를 차지한다. 나머지 반은 좀 더 흥미롭다.
바이엘04레버쿠젠, 그 안에는 차범근과 손흥민이 있다.

글 허지연 사진 게티이미지코리아

레버쿠젠은 독일 서쪽에 위치한 NRW(노르트라인베스트팔렌주)의
도시다. 우리나라 사람들에게 더 친숙한 쾰른에서 지하철로 20분
정도 떨어져있고, 인구는 약 16만 명이다. 아스피린을 개발한
다국적 제약 회사 바이엘(Bayer) 본사가 있다. 1975년까지도 도시는
중심부만 존재했을 정도로 작았다. 이후 바이엘이 대대적으로
몸집을 불리면서 도시도 커졌다.

분데스리가 팀들은 개인이나 기업이 사유화하는 게 불가능한데,
바이엘04레버쿠젠은 도시와 모기업, 팀의 관계 등을 고려해
예외적으로 허용된 몇 없는 기업 구단 중 하나다. 공식 창단연도는
1904년이며 홈구장 이름은 바이아레나(Bay Arena)로 약 3만 명을
수용할 수 있는 크지 않은 규모다. 레버쿠젠(Leverkusen Mitte)역에서
걸어서 15분 정도면 갈 수 있다. 경기가 없는 날은 9유로를 내고

경기장 투어를 할 수 있다. 한국어로 레버쿠젠을 검색해보면 축구 직관 후기가 대부분을 차지한다. 여행 후기는 찾아보기 어렵다. 한국에서 레버쿠젠은 차붐과 손흥민 그리고 아스피린이다. 레버쿠젠이 속한 NSW주에는 도르트문트, 샬케, 쾰른, 보훔 등 축구 팬이라면 한 번쯤 들어봤을 만한 인기 있는 팀들이 모여 있다. 축구를 좋아한다면 원 없이 축구를 보러 다닐 수 있다. 많은 도시 중에서도 레버쿠젠은 유독 한적하고 조용하다. 축구 외의 목적으로 볼 것은 많지 않다. 유명한 관광지도, 흥미를 끌 만한 소재도 없는 '건조한' 도시라고 해도 무방하다.

물론 아무 것도 없는 도시는 아니다. 관광 명소는 아니더라도 소소한 볼거리는 있다. 모르스브로히 박물관(Schloss Morsbroich)은 현대 미술관이다. 게르하르트 리히터, 이브 클랭 등의 작품을 보유하고

있다. 로코코 양식으로 지어진 미술관 자체도 아름답다. 여름에는 연극, 재즈 등 공연도 벌인다. 레버쿠젠 어디를 가도 볼 수 있는 높이 72.45m의 워터 타워에 올라가보는 것도 좋다. 날씨 좋은 날 전망대에 오르면 쾰른 남부를 볼 수 있다. 바이엘이 세운 바이엘 십자가를 직접 보는 재미도 있다. 높이가 120m에 달하는 십자가는 밤에도 밝게 빛난다. 지금은 친환경, 방한 LED로 빛나지만, 2009년까지는 전구 1,710개를 써서 밝혔다고 한다.

나는 레버쿠젠에서 기차로 40분 정도 걸리는, 옛 서독의 수도이자 루트비히 판 베토벤의 도시인 본에 살았다. 본은 2천 년 전부터 게르만족과 로마인이 거주한 유서 깊은 도시로, 독일 내에서도 가장 역사가 오래된 도시 중 하나로 꼽힌다. 관광객들은 베토벤 생가와 본 대학교 본관의 노란색 건물을 보려고 본에 온다.

인접 도시 쾰른은 무엇보다 고딕 양식의 쾰른 대성당으로 이름이
높다. 동방 박사 3인의 유골함을 안치하려고 지은 대성당은 거의
365일 공사 중이지만, 위용만은 대단하다. 마인강변을 걷다가
지루하면 쇼핑거리로 옮기면 된다. FC쾰른도 친숙하다. 오쿠데라
야스히코, 루카스 포돌스키, 정대세가 뛰었기 때문이다.

왜 레버쿠젠인가?

대학교 전공을 선택할 때, 분데스리가가 궁금해서 독어독문학과에
진학했다. '차붐'이 이름을 날렸었던, 분데스리가가 궁금했다. 마침
좋아하던 에두(당시 수원삼성)가 그해 분데스리가 샬케04로 떠났다.
독일로 교환학생을 가야겠다고 마음먹었을 때, 분데스리가가 직관을

염두에 뒀다. 그래서 차붐이 6년 가까이 활약하며 역사를 썼던
축구팀, 바이엘04레버쿠젠 경기장과 가까운 도시인 본을 선택했다.
무엇보다 그 경기장에서 경기를 봐야 한다는 생각에 결정한 일이다.
살던 곳에서 경기장까지 한 시간이 채 걸리지 않았다. 아무리
생각해도 매우 좋은 거리였다.
처음으로 경기를 본 후, 바로 1년짜리 시즌권을 샀다. 그것도
맨 앞자리로, 가격은 한국 돈으로 환산하면 40만 원 정도 했다.
시즌권을 사는 과정이 쉽지만은 않았지만, 이후로는 매 경기 힘들게
예매하지 않고, 편하게 경기를 보러 다닐 수 있어서 좋았다. 게다가
시즌권 카드를 여전히 지니고 있어서 분데스리가 시즌권 홀더였다는
걸 증명하며 자랑할 수도 있다.
독일에서 처음 사귄 친구 집에 놀러 갔던 날, 축구를 좋아한다는 내
이야기에 친구 아버지는 본인을 샬케의 골수팬이라고 소개했다.
반가운 마음에 "에두 아세요?" 물었더니 "아니, 요즘엔 축구를 잘
안 봐서. 근데 한국에서 온 거면 붐ㅡ군ㅡ차를 알겠구나?"라는 답이
돌아왔다. 독일은 차범근을 좋아했다.

차붐 그리고 쏘니

경기장에서는 어렵지 않게 차범근의 흔적을 찾을 수 있다.
경기장에서 만난 팬들이 차범근 이야기를 꺼내며 말을 건넬
가능성도 크다. 머리가 희끗희끗한 할아버지 팬들이 주로 말을 걸
것이다. 한 손에 들린 맥주와 살짝 붉어진 얼굴, 빵빵해진 배, 목에
두른 머플러. 분데스리가의 산증인 같은 외모로 "한국 사람이면
손흥민 좋아하지? 옛날엔 차범근이 최고였어!"라고 말할 수 있다.
시즌권을 끊었던 2013–14시즌, 손흥민이 레버쿠젠에서 활약했다.
손흥민이 활약하는 날이면, 팬들이 내게 악수를 건네기도 하고
박수를 쳐줬다. 우리 축구 영웅이 역사를 썼던 무대에서 내 또래
선수가 활약하는 걸 보고 있으니 감격스러웠다. 한 번은 차범근이
홈경기에 방문한 적이 있었는데, 경기 관람 후 믹스트존에서 손흥민
선수와 만나 격려를 해줬다고 한다. 그 광경을 실제로 보지는
못했지만, 다시 생각해봐도 벅찬 일이다.

"레버쿠젠 이 재미없는 노인정!"

다른 팀 경기, 특히 함부르크 경기를 보고 깨달은 게 있다. 2014년
처음으로 함부르크에 갔을 때 경기장으로 가는 길에 주먹질하며
싸우는 이들에게 떠밀렸고, 2019년에는 앰뷸런스가 출동할 정도로
큰 유혈사태가 난 걸 보았다. 베르더브레멘 경기에 갔을 때는 한 팬
등에 발자국이 찍힌 것도 봤다. 경기장에 가면 거의 싸우는 모습을

볼 수 있다. 차분한 독일 사람들도 축구팬이 되는 순간 격해진다.
레버쿠젠은 서포터도 평화롭고 인자하다. 평균 연령도 다소 높다.
아무리 화가 나도 경기 팸플릿을 하늘로 던지는 정도다. 내가 얌전히
앉아서 경기를 보는 자리를 예매했기 때문은 아니다. 레버쿠젠에
원정 응원을 왔던 보루시아도르트문트 서포터들은 레버쿠젠 팬을
이렇게 조롱하기도 했다. "레버쿠젠 이 재미없는 노인정!"
그래도 나는 그 '노인정'이 참 좋아서 매주 경기장 1열에 앉아
레버쿠젠을 응원했다. 시야는 좋지 않았지만, 선수들을 보기엔 좋은
자리였다. 처음 경기를 보러 갔을 때 아는 선수가 딱 한 명 있었다.
손흥민 하지만, 1년이 지나서 한국에 돌아올 때는 모든 선수가 우리
선수 같았다. 그때 두고 온 유망주는 지금 도르트문트에서 뛰는
율리안 브란트(현 독일 국가대표)다.

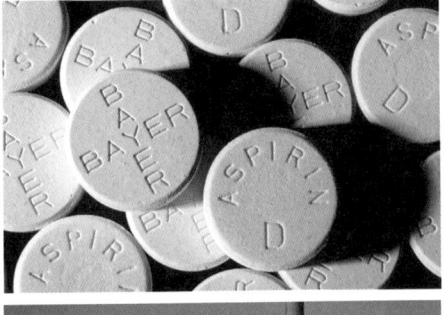

Tschüs (안녕)

레버쿠젠 도시 이야기는 결국 축구 이야기로 가득 찼다. 축구에
관심 없는 한국 친구들에게 "손흥민 보여줄게"라며 경기장에 몇 번
데려간 적이 있다. 경기장 안에서는 맥주도 실컷 마시고 응원가도
흥얼거리며 재미있게 보냈지만, 도시 자체에는 큰 관심을 보인 이가
없었다.
축구 하는 날은 레버쿠젠이 달라진다. 아기자기한 경기장과 편리한
시설, 너무 열광적이지 않아 편안한 팬들까지 모든 게 좋다. 경기장
곳곳 남아 있는 차범근의 흔적들을 찾는 재미도 있다. 한국인이라서
느낄 수 있는 자부심은 덤이다.

게다가 축구 팬이라면 레버쿠젠을 잘 써먹을 수 있다. 다시
말하지만, FC쾰른, VfL보훔, 보루시아도르트문트, 샬케04,
보루시아묀헨글라트바흐, 포르투나뒤셀도르프에서 축구를 본
이라면 모두 RB(지역 열차)를 타고 편하게 레버쿠젠으로 가서
차붐과 쏘니의 흔적을 만날 수 있다. 반대 경로로 가는 것도 문제
없다.

❝

여기가 차붐의 나라입니까?

― 미하엘 발락 / 2002한일월드컵 독일 대표팀 입국 인터뷰에서

❝

차범근은 당대의 문화 현상이었다.
우리가 상상하는 것보다 훨씬 어려운 시절에 무에서
유를 창조한 한국 축구의 '개척자 오브 개척자'가
아닌가 싶다.

― 한준희, KBS 축구해설위원

❝

방한의 궁극적인 목적은 양국의 발전과
우호증진이어야 한다. 하지만 난 차붐부터
만나고 싶다.

― 게르하르트 슈뢰더, 전 독일 총리 / 2002년
정상회담 차 방한한 뒤

❝

차범근은 정말 빨랐고, 공격 지역에서
굉장히 위협적이었다. 좋은 기량을 10년 동안
보여주었다. 앰버서더는 1년 반짝했다고
되는 게 아니다.

― 미하엘 뮐러, 대한축구협회 기술발전위원장

❝

차붐은 당시 독일에서 정말로 특출난 존재였다.

― 칼 하인츠 루메니게, 현 바이에른뮌헨 회장

❝

경신중학교로 진학하고 처음으로 들은
이야기가 '우리 학교는 역사가 깊은 축구부를 가졌다.
그리고 차범근이 나온 학교다'였다. 그는 우리
마음속에 영원히 기억될 불세출의 영웅이다.

― 하석주, 아주대학교 축구부 감독

❝

차붐은 톱 플레이어를 넘어 구단을 이끄는
선수였다. 외국인이었지만 젊은 독일 선수들에게
그들이 나아가야 할 방향을 제시했다.

― 라이너 칼문트, 전 레버쿠젠 CEO

❝

차범근은 발도 빠르고, 몸도 좋고,
헤딩도 잘하고, 공도 잘 다루는, 모든 걸 갖춘
스트라이커였다. 차범근을 막는 건 정말 어려운
일이었다. 그는 분데스리가에서 간판
스트라이커로 뛰었다. 팀의 기둥이었다.

― 오쿠데라 야스히코, 아시아 최초 분데스리가 진출 선수

정리 조형애 일러스트 황지영

66

한국에서 열린 토너먼트 대회 동안 차범근을 봤다.
그만큼 빠른 시간 내 나를 설득한 선수는 없었다.
그는 최고였다. 내가 본 중 가장
적극적인 공격수였다.

– 프리델 라우쉬, 전 프랑크푸르트 감독

66

차붐이 50%만 해내도 나는 다른 어떤 선수보다
먼저 차붐을 기용할 수밖에 없다.

– 에리히 리벡, 전 레버쿠젠 감독 / 1986–87시즌 부상 등
악조건 속에서도 차범근을 전반기 17경기 중 16경기에
기용하며

66

국가대표 차범근에 대한 기억은
1986멕시코월드컵밖에 없지만, 최종예선을
통과하면 '차붐'이라는 어마어마한 무기가
장착된다고 생각했다. 어린 마음으로는 베일에
가려진 전설의 '슈퍼 히어로'처럼 느껴졌다.
그는 어린 팬에게 큰 자부심이었다.

– 이광용, KBS 아나운서

66

내가 1986멕시코월드컵에서 마라도나를
상대로도 골을 안 먹었는데, 차붐은 도저히
못 당하겠더라. 만약 차범근이 지금도
현역이었다면, 1억 유로를 이적료로 줘도
아깝지 않을 것이다.

– 하랄트 슈마허, 1980년대 서독의 명 골키퍼 / 2019년
〈일간스포츠〉와 인터뷰에서

66

차붐의 진가는 축구를 진정 사랑하고, 축구로
얻은 것들을 축구에 돌려주고 싶어 하는 마음,
그 이상에 있다.

– 서형욱, MBC 축구해설위원

66

디미타르 베르바토프가 토트넘홋스퍼에 왔을
때, 차범근 감독님이 자신의 롤 모델이자
우상이었다고 말하더라. 내가 생각하기에
차범근 감독님을 보는 전 세계의 시선은 우리의
평가보다 훨씬 더 높다.

– 이영표, 전 국가대표 선수

"

우리가 풀지 못한 주요 문제는 차붐이었다.
차붐을 막을 수 없었다.
그는 해결 불가능한 존재였다.

– 알렉스 퍼거슨, 전 맨체스터유나이티드 감독 / 1979년 에버딘
감독 당시 프랑크푸르트와 UEFA컵 맞대결 후

"

그는 뛰어난 운동 선수다.
그리고 그는 팀의 어느 곳에나 세울 수 있는
탁월한 재능을 가진 유일한 선수다.

– 에리히 리벡, 전 레버쿠젠 감독 / 레버쿠젠에서 발간한 책 중

"

나는 운 좋게도 많은 슈퍼스타들과
경기를 할 수 있었다. 1세대는 닉켈, 횔첸바인,
그라보브스키였다. 이어 차범근, 페차이,
예보아, 뮐러로 이어졌다. 가장 완벽한 이는
차범근이었다.

– 찰리 쾨르벨, 1972년부터 1991년까지 활약한 프랑크푸르트
원클럽맨

"

차범근은 위대한 선수였고, 그를 무척 존경한다.
내가 더 많은 경기를 뛰겠지만 차범근보다 골을
더 많이 넣지는 못할 게 분명하다.

– 하세베 마코토, 프랑크푸르트 미드필더 / 아시아 선수
분데스리가 최다 출장 기록을 세운 후 〈ESPN〉과 인터뷰에서

"

차범근은 그 이름 석 자가 잘 된 것을
자기보다 더 고생한 선배들이 있어서 가능했다고
생각하고, 축구계에 환원하려는 마음을 행동으로
실천하는 인물이다. 그는 내가 아는 축구인 중
가장 순수한 면모가 있다.

– 한준희, KBS 축구해설위원

"

차범근은 유럽이나 남미 선수만 축구를 잘한다는
독일인의 선입견을 깼다고 볼 수 있다. 그는 다른
어떤 한국의 운동선수보다도 한국과 독일의
가교 역할을 하고 있다.

– 미하엘 라이펜슈톨, 주한독일대사

"

2015호주아시안컵 8강전에서 차두리가
우즈베키스탄 진영을 50m 돌파한 후 손흥민에게
어시스트한 일이 있었다. 사람들은 '대단하다!'고
놀랐다. 차두리는 몇 년에 한 번씩 그런 장면을 보여
줬다. 차범근은 매 경기 그랬다. 발롱도르 후보가
될 수 있었다면, 전성기의 차범근은 최종 10위 안에
들어가지 않았을까.

– 송기룡, 대한축구협회 심판운영실장

"

당시 경기장에 독일 교민이 많았다. 경기장에
태극기도 걸었다.

– 마쿠스 한, 독일 이민 2세

"

반듯하다고 할까. 기교도, 가식도 없다는
이야기다. 운동장에서나 생활에서나 한결같은
모습을 보여준 선배다. 모든 게 정석이다. 최고
레벨에서 뛰면서도 항상 기본적인 걸 중시하는
사람이었다.

– 최순호, 포항스틸러스 기술이사

"

차범근 감독이 한국 대표팀 지휘봉을 잡았을 때 난
26세였다. 〈사카 다이제스트〉에 한국 축구 소식을
연재하며 한국 축구 전문 기자로 첫 발을 내디뎠다.
1997년 9월 열린 한일전(*2-1 한국 승)은 아직도
잊지 못하는 명승부다. 차 감독은 그 한 경기로 일본
축구계에 영원한 명장으로 남았다.

– 신무광, 재일교포 기자

"

프랑스에서 '감독의 감독'이라 불리는
기 루(당시 오세르 유소년 총괄디렉터)가
보자마자 '차붐, 차붐!'하며 먼저 말을 걸었다.
거의 모든 사람들이 차범근 감독님 이야기를
해서 놀랐다. 얼마나 대단한 선수였는지,
유럽에서 비로소 느꼈다.

– 정조국, 전 국가대표 선수

"

내게 있어 차범근 감독님은 신에 가까운 분이다.
생각한 대로 말씀하시고, 말한 대로 행동에
옮긴다. 마음속에 오로지 축구만 생각한다. 거의
평생을 한국과 아시아 축구에 공헌했다.
코로나 19 때문에 오랫동안 뵙지 못했다.
하루빨리 뵐 수 있기를 기대한다.

– 리 웨이펑, 전 톈진톈하이 단장

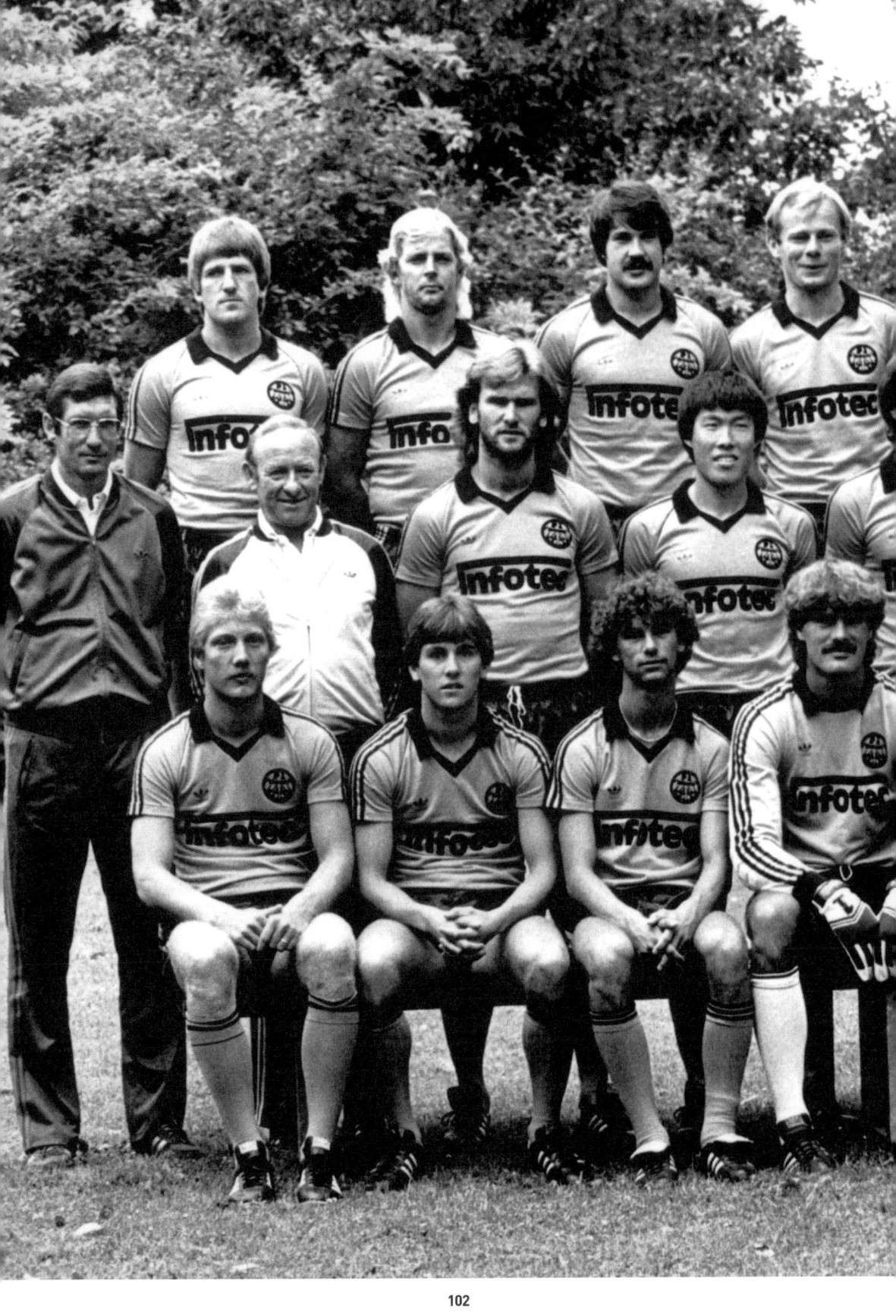

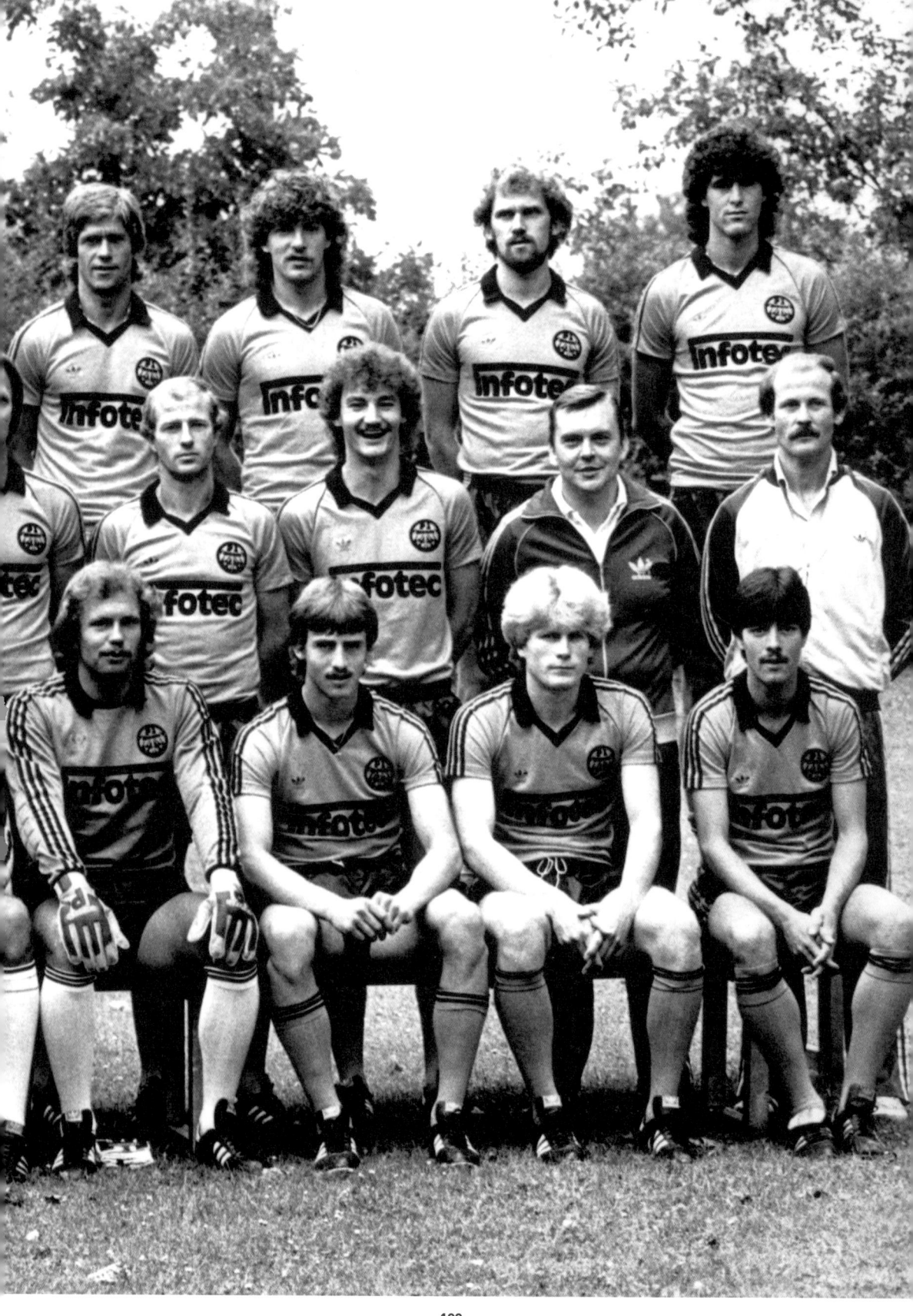

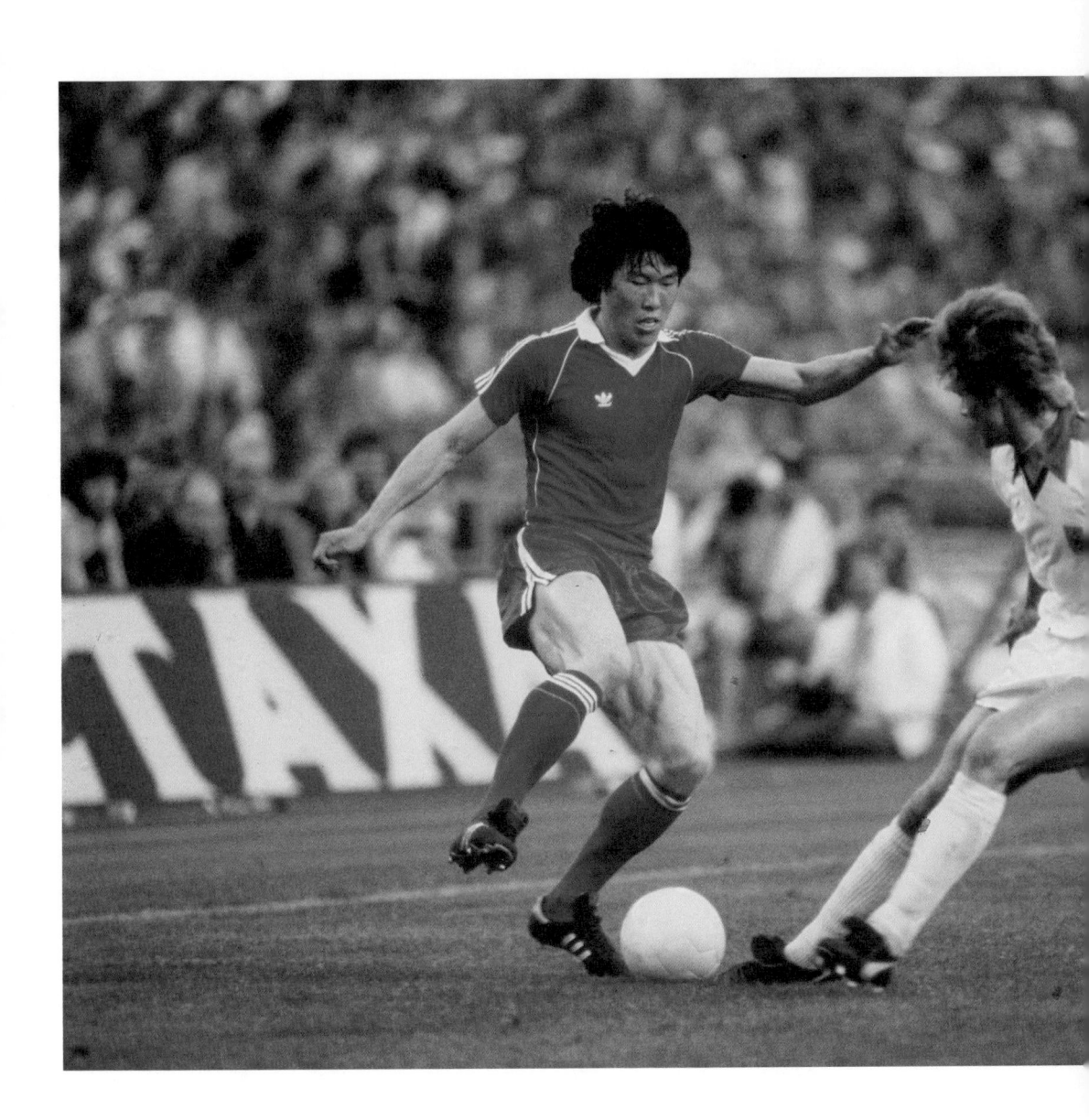

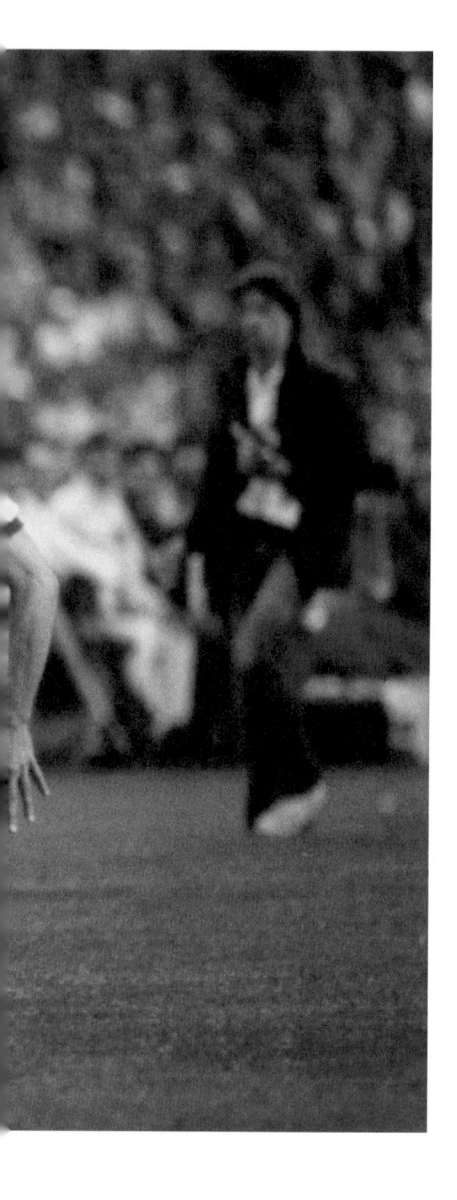

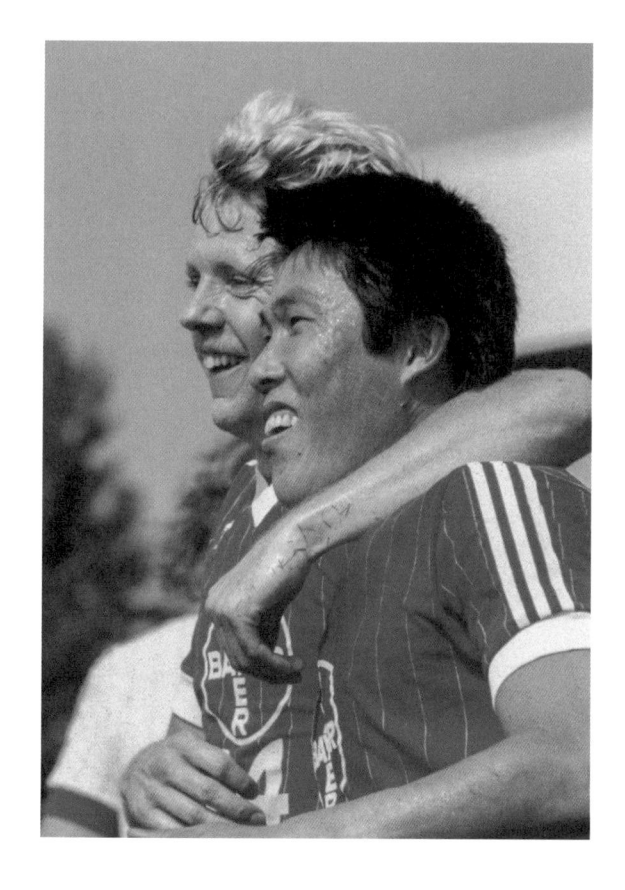

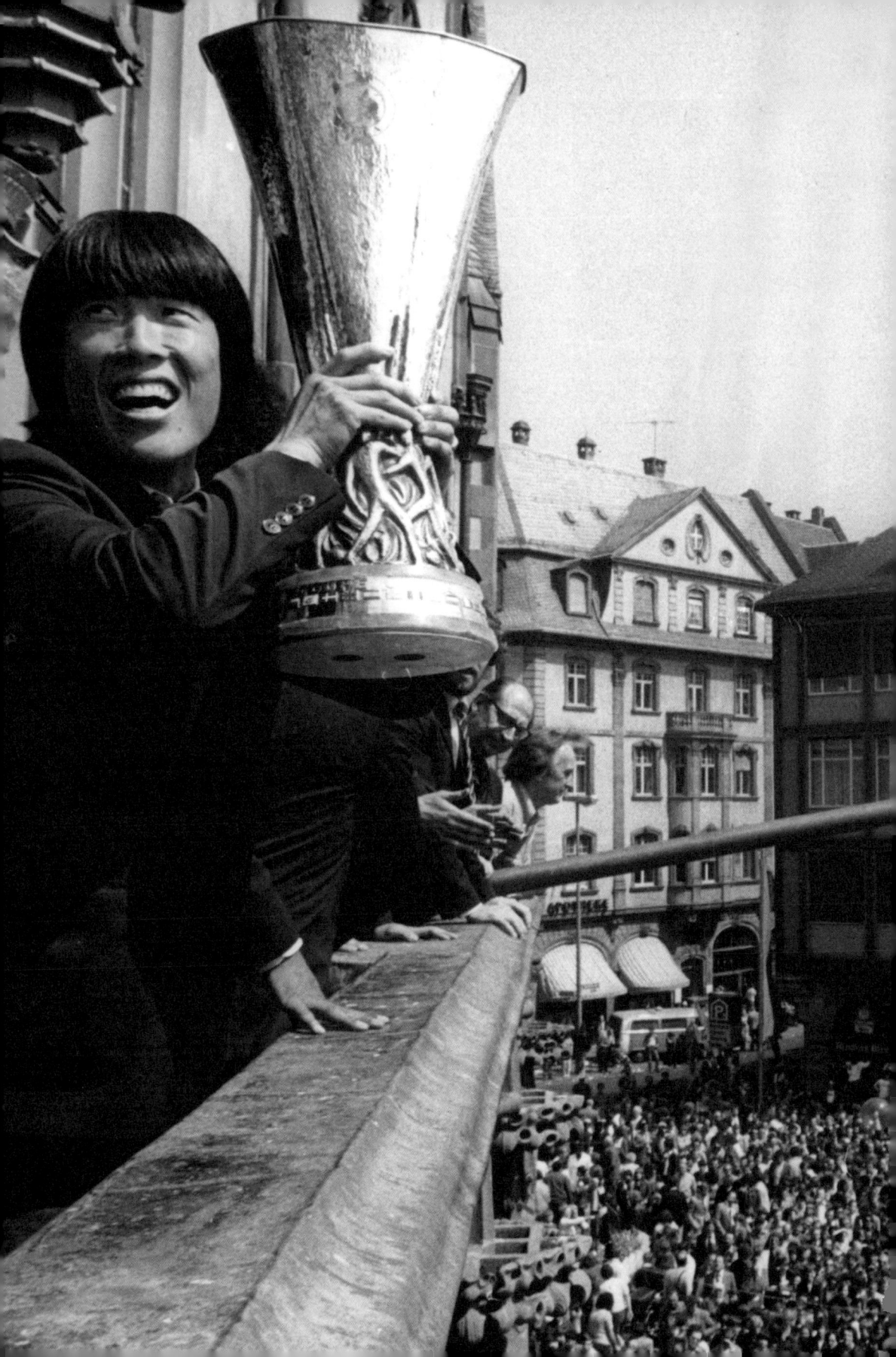

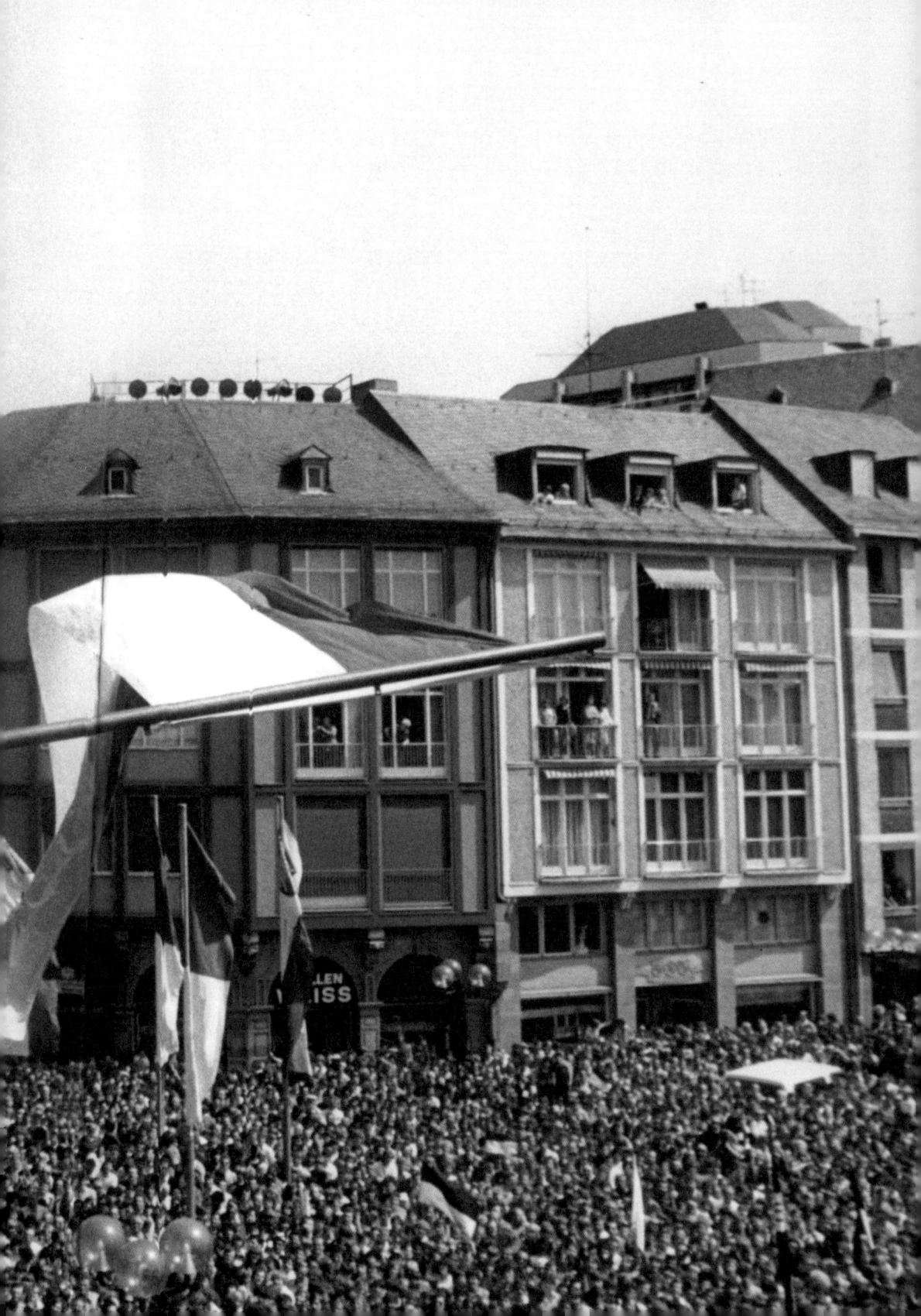

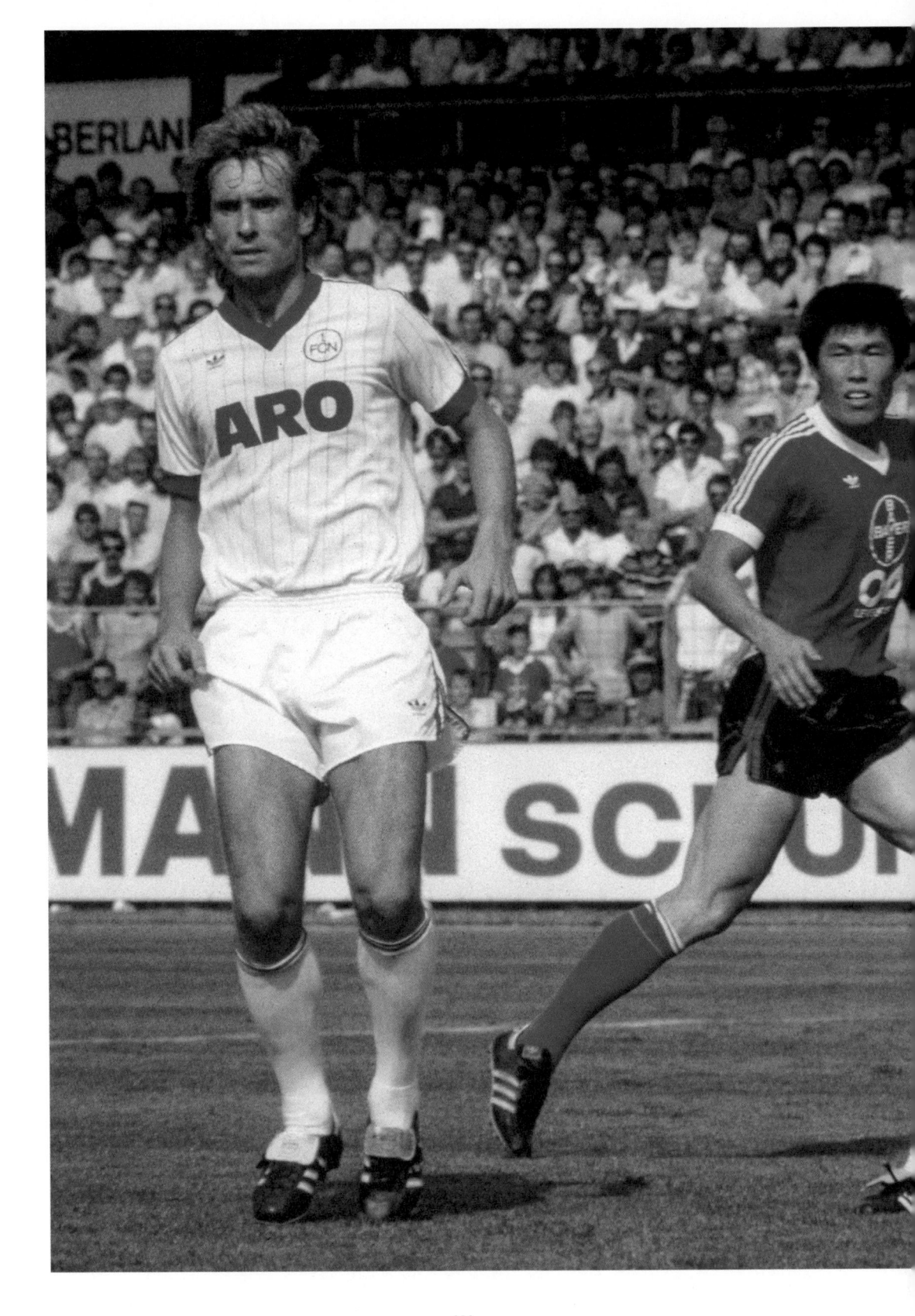

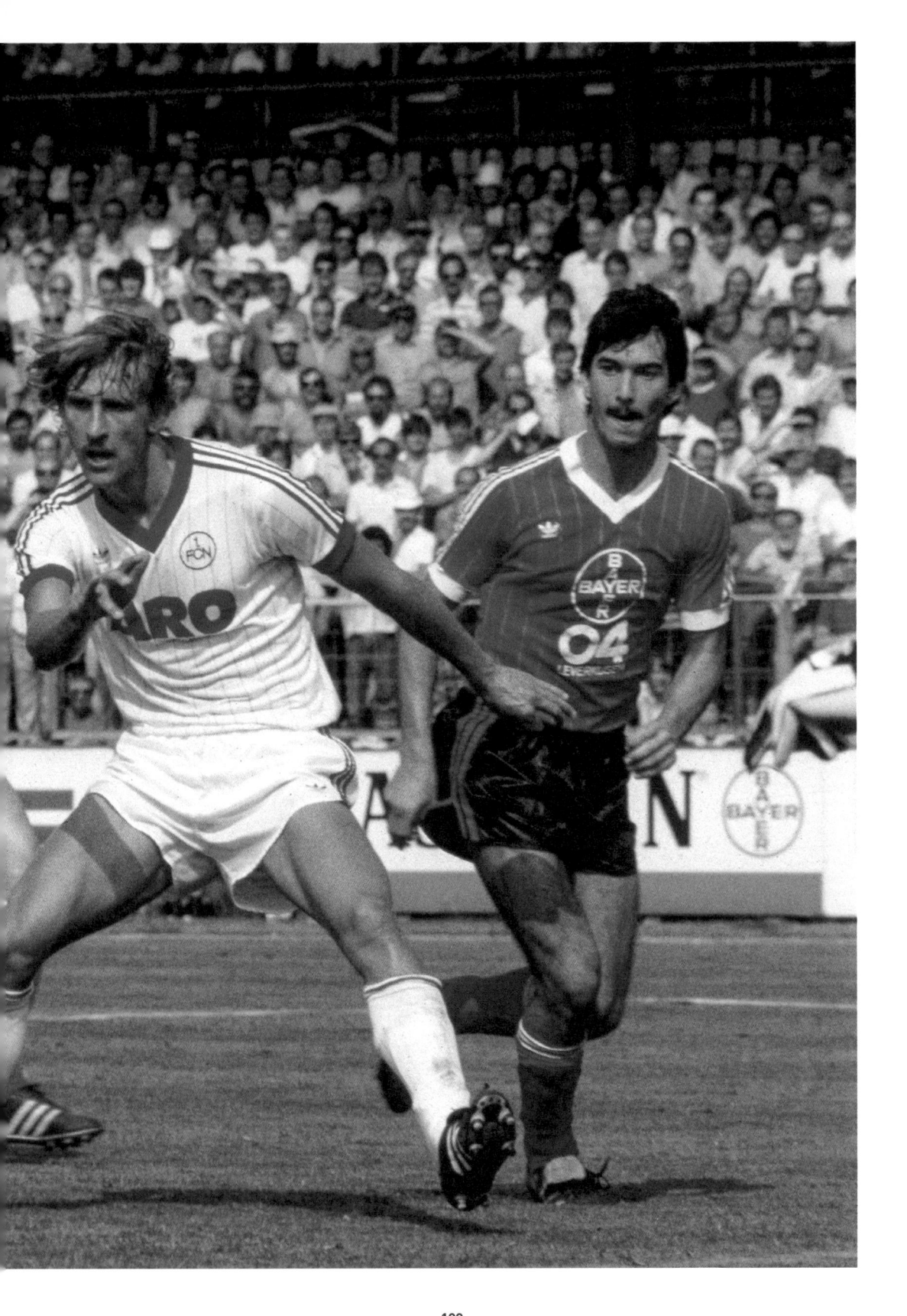

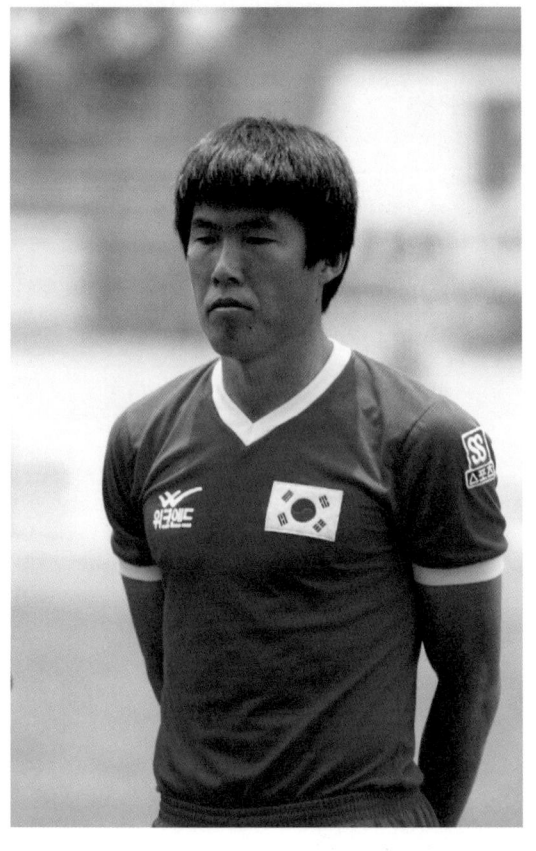

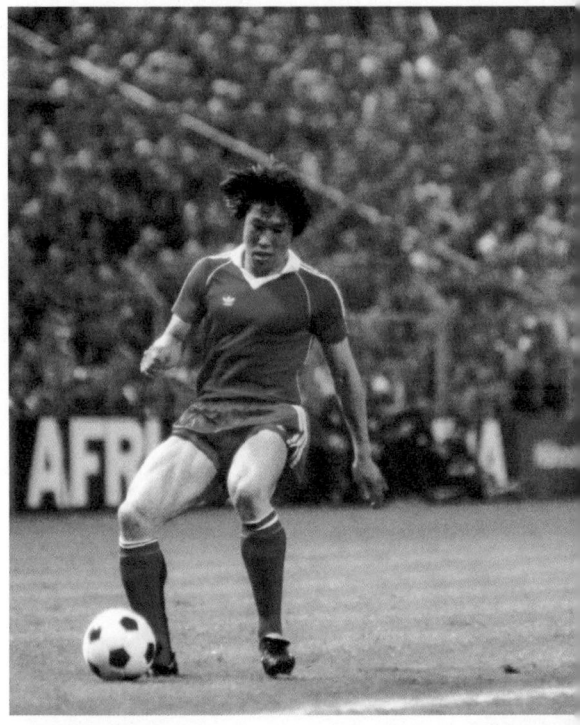

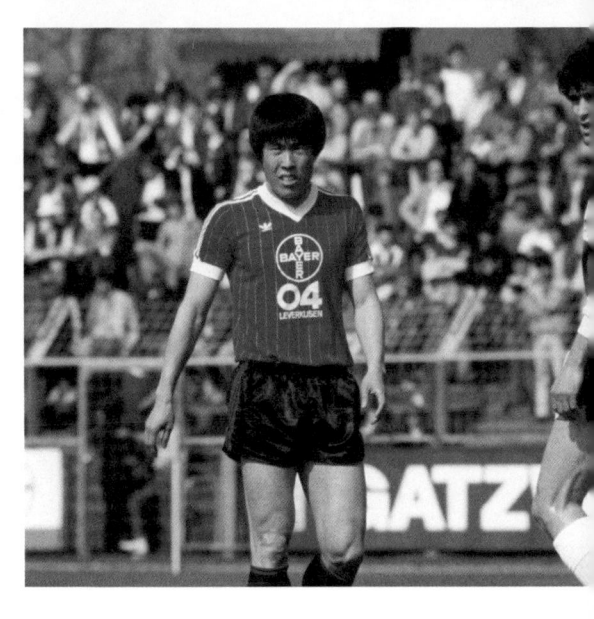

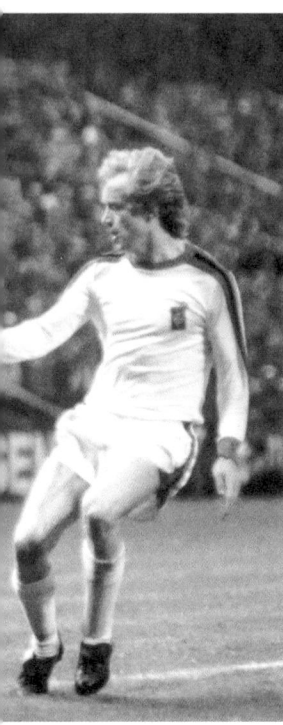

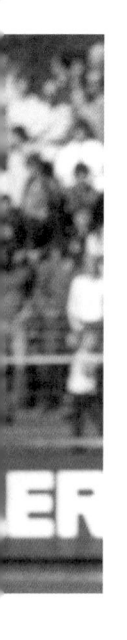

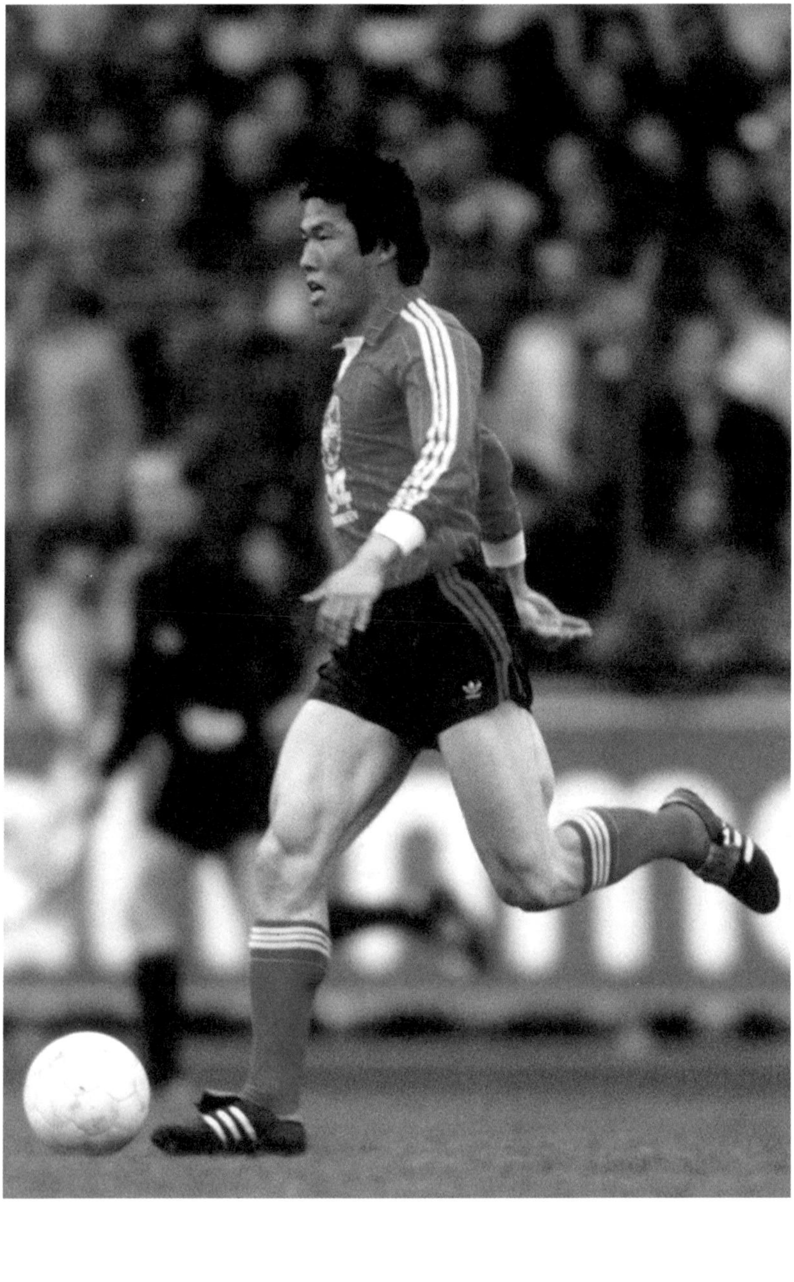

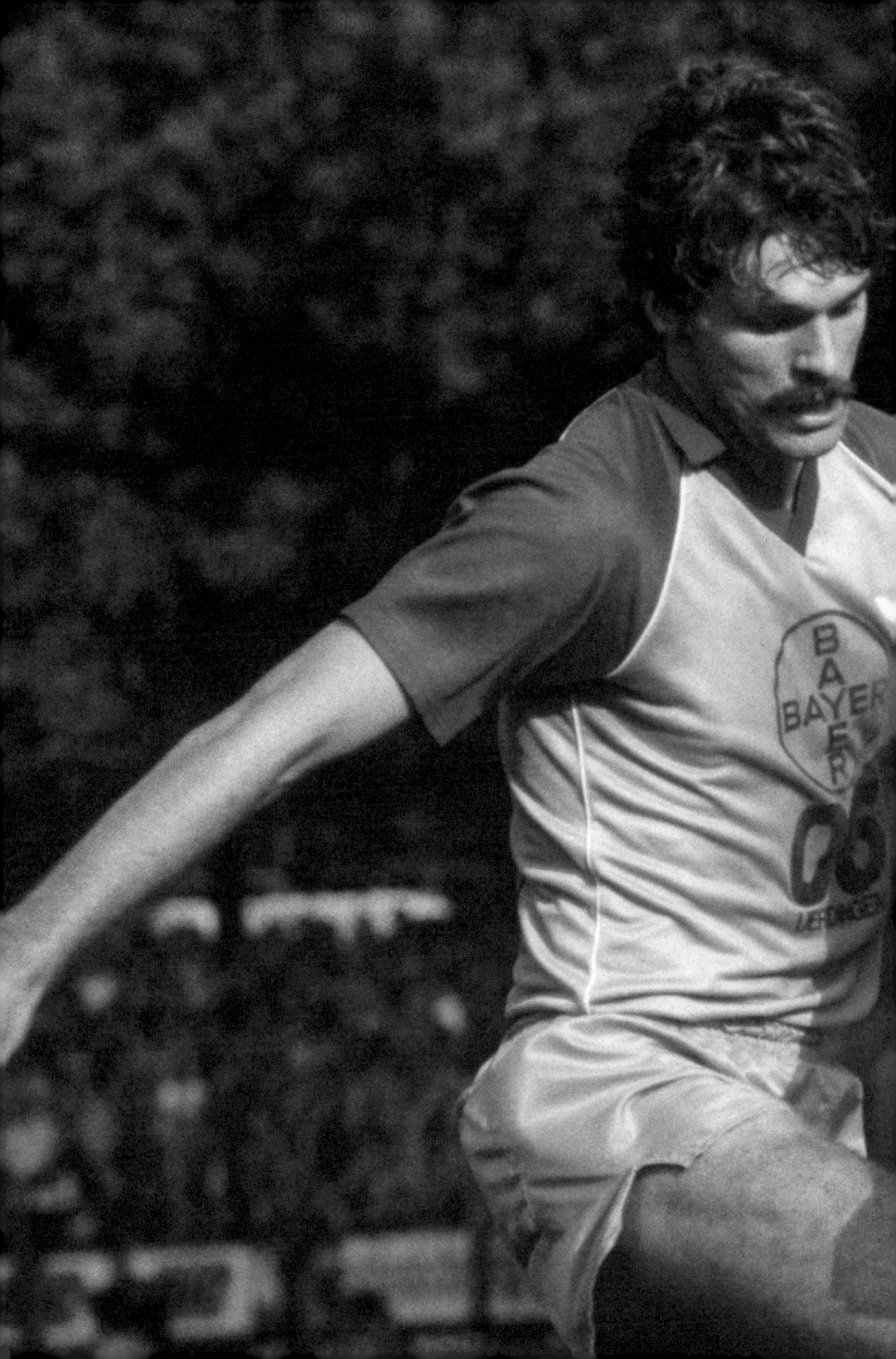

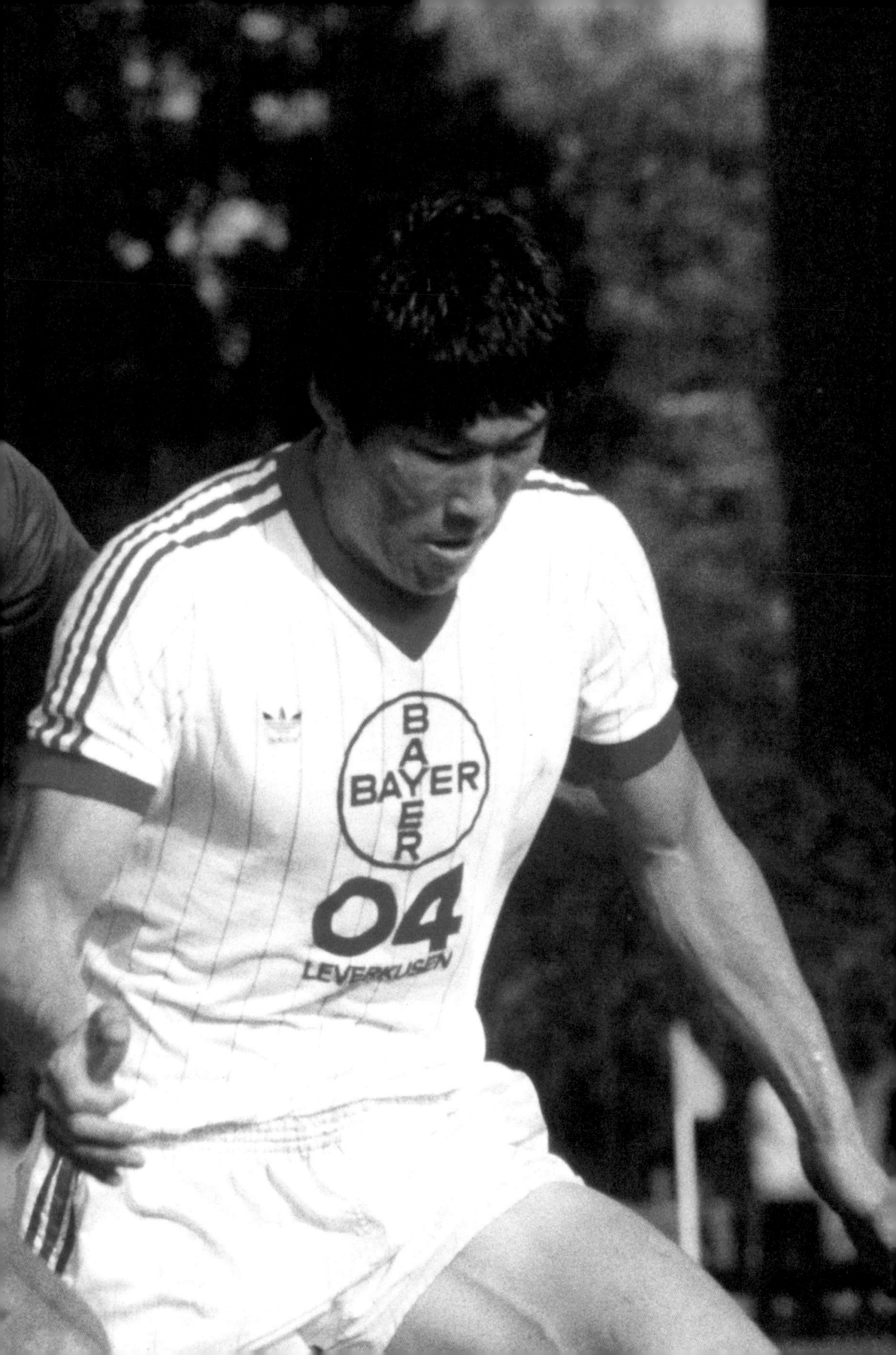

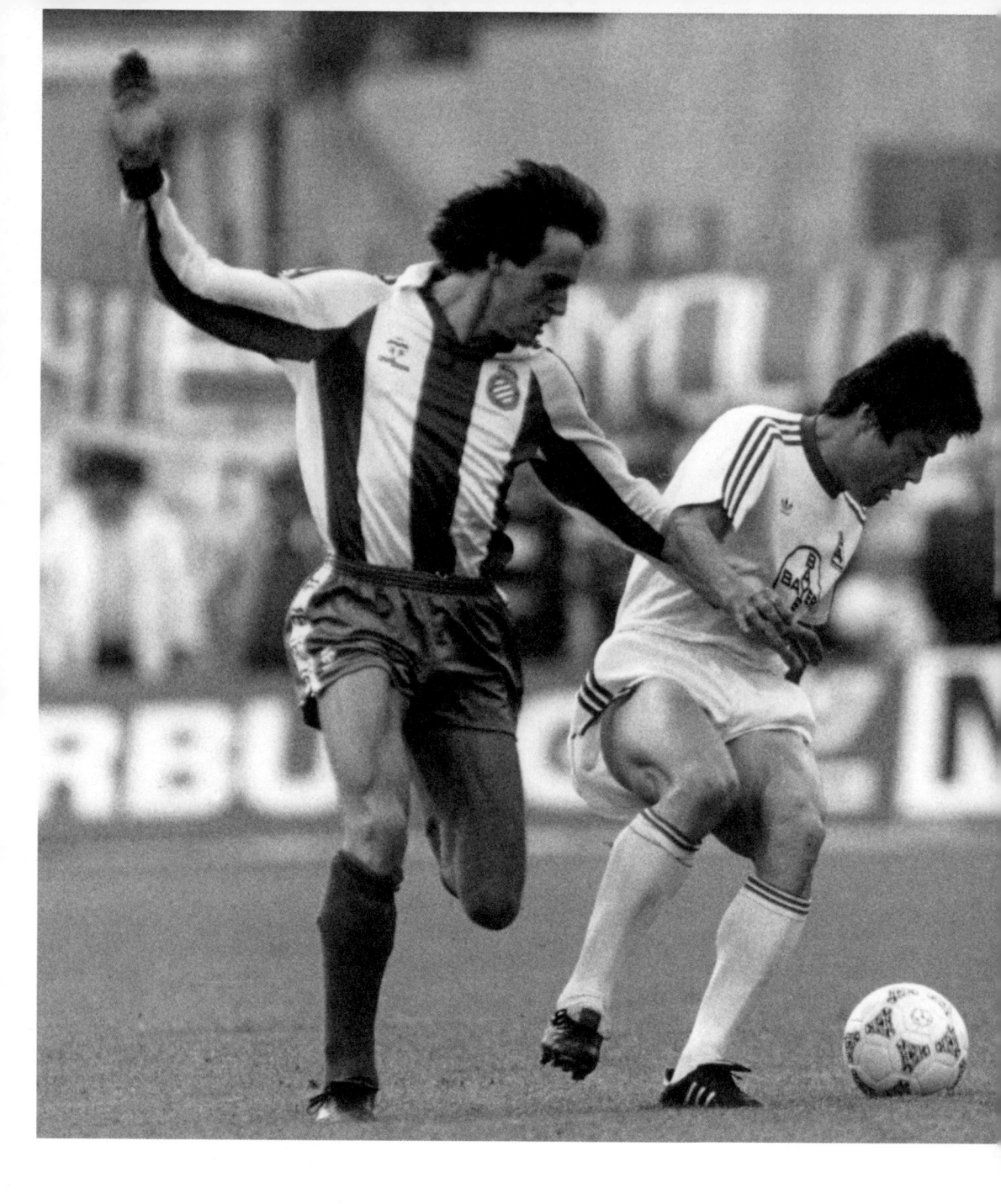

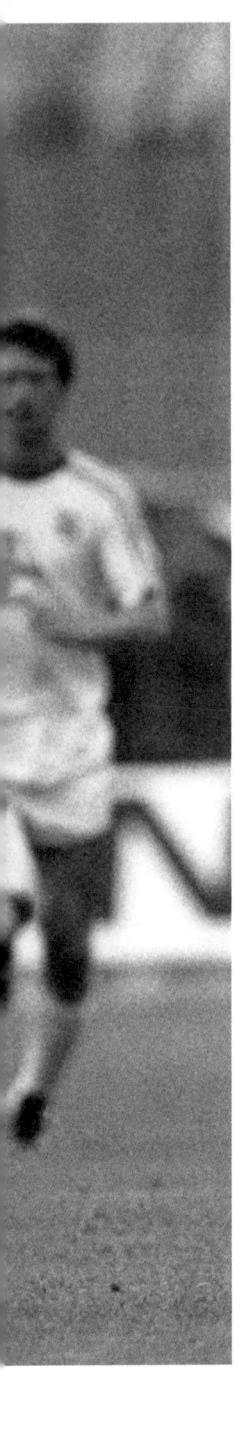

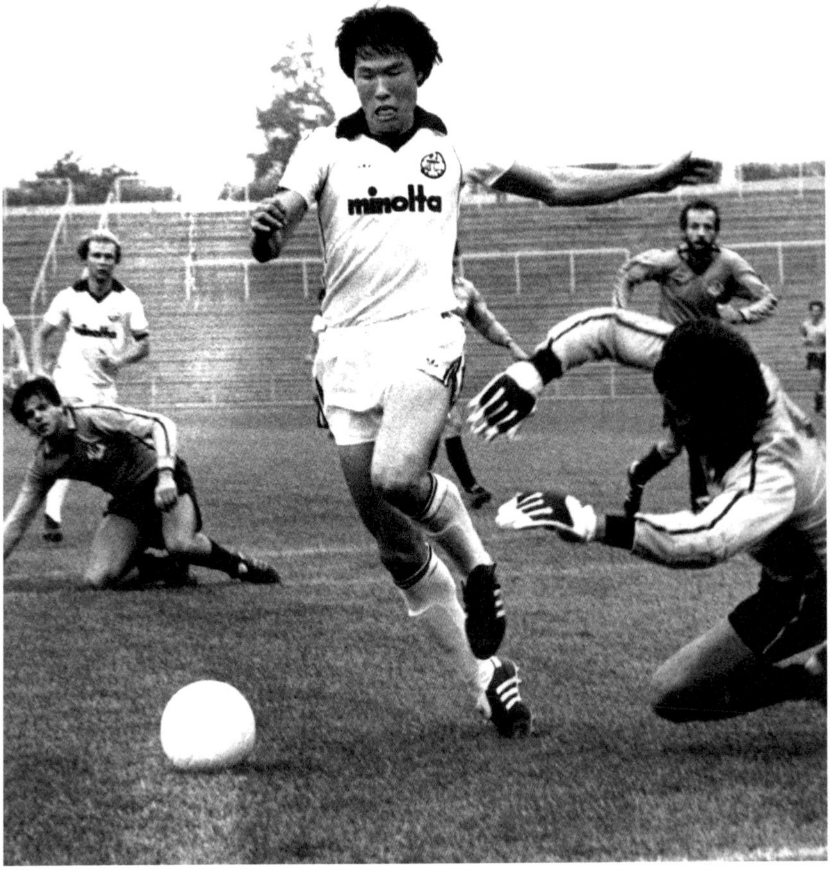

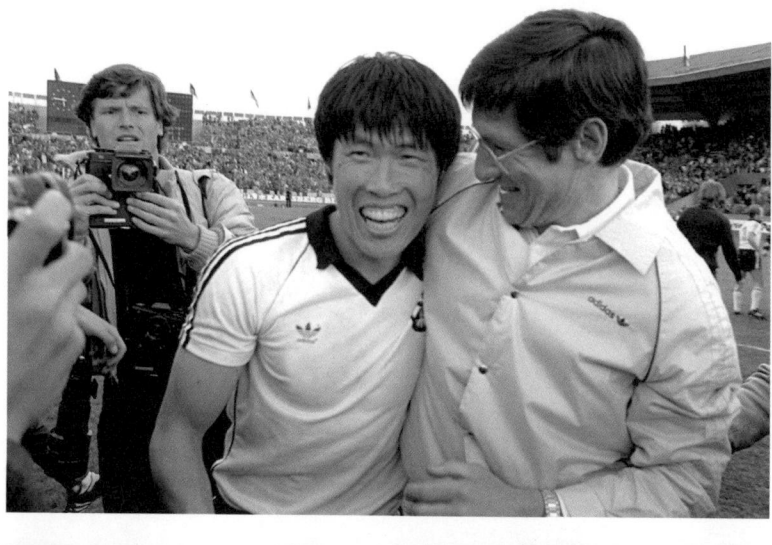

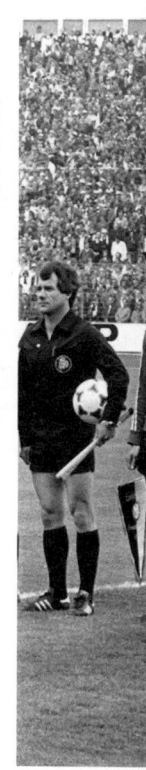

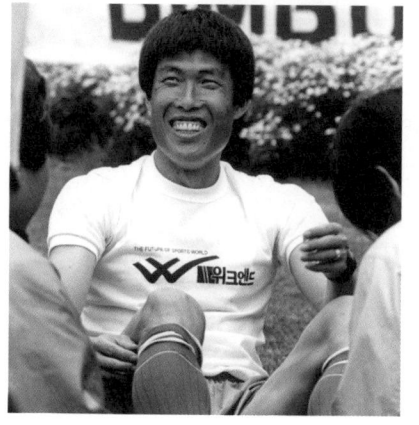

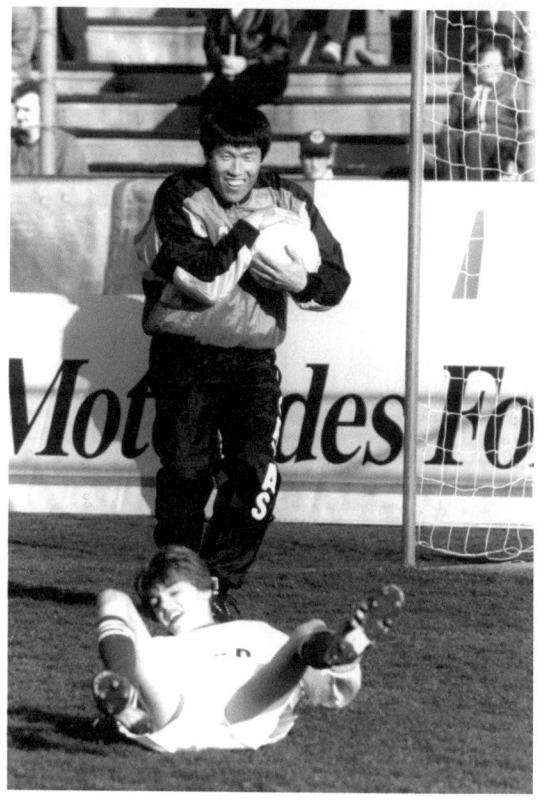

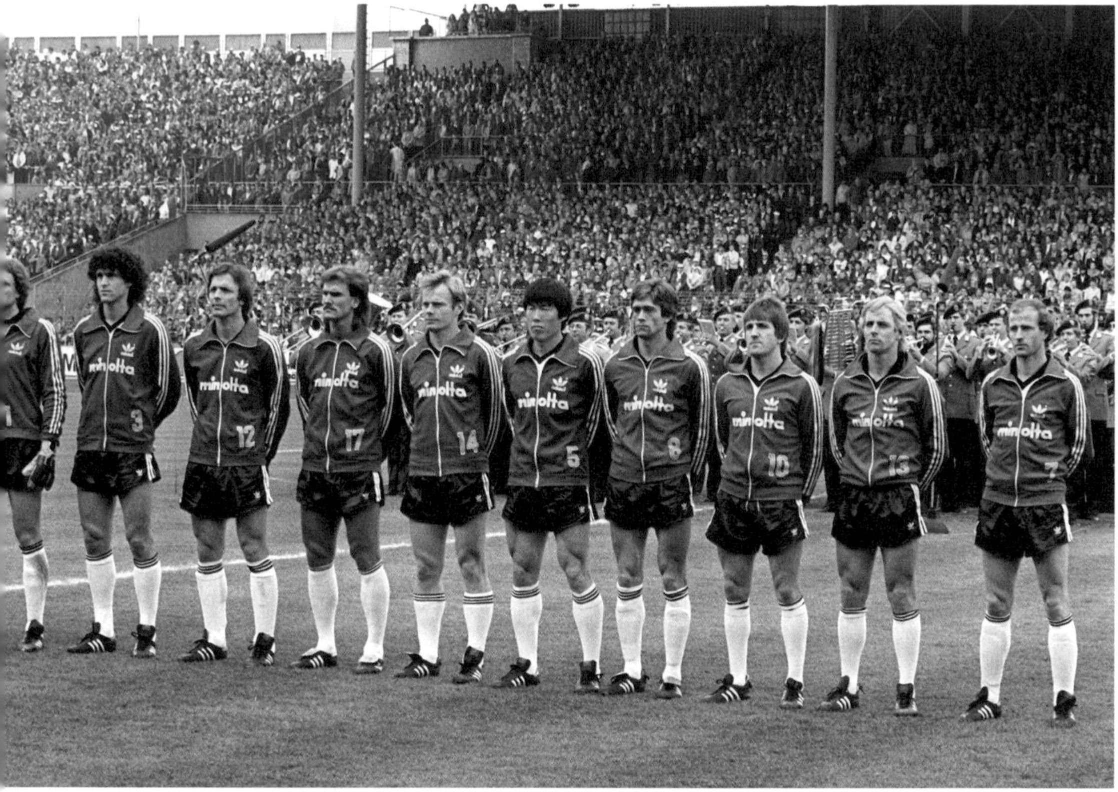

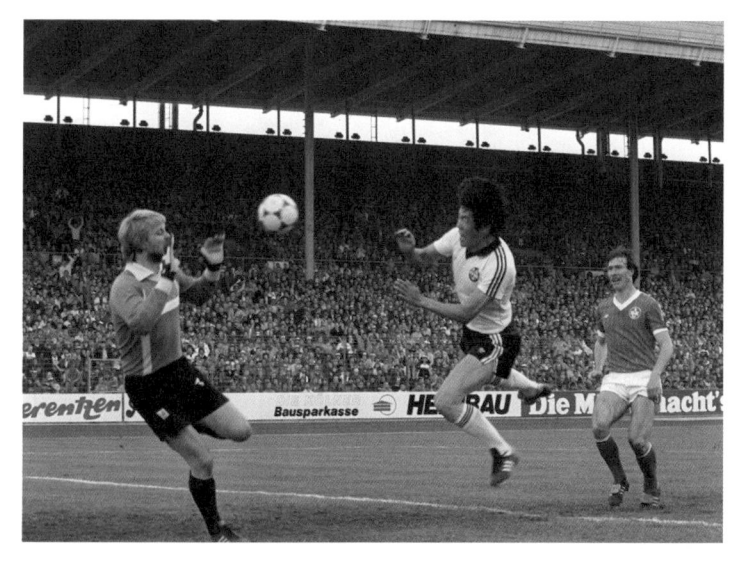

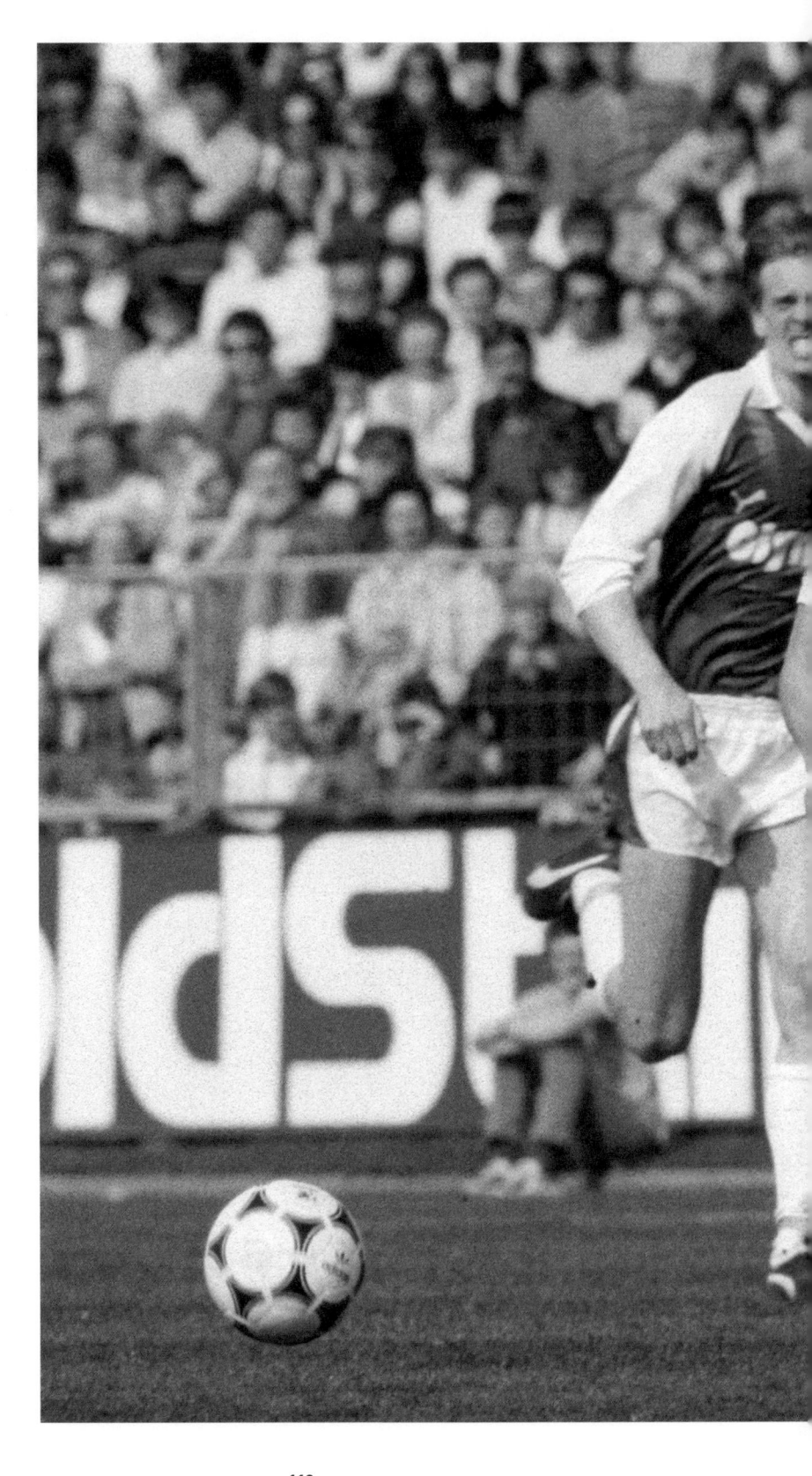

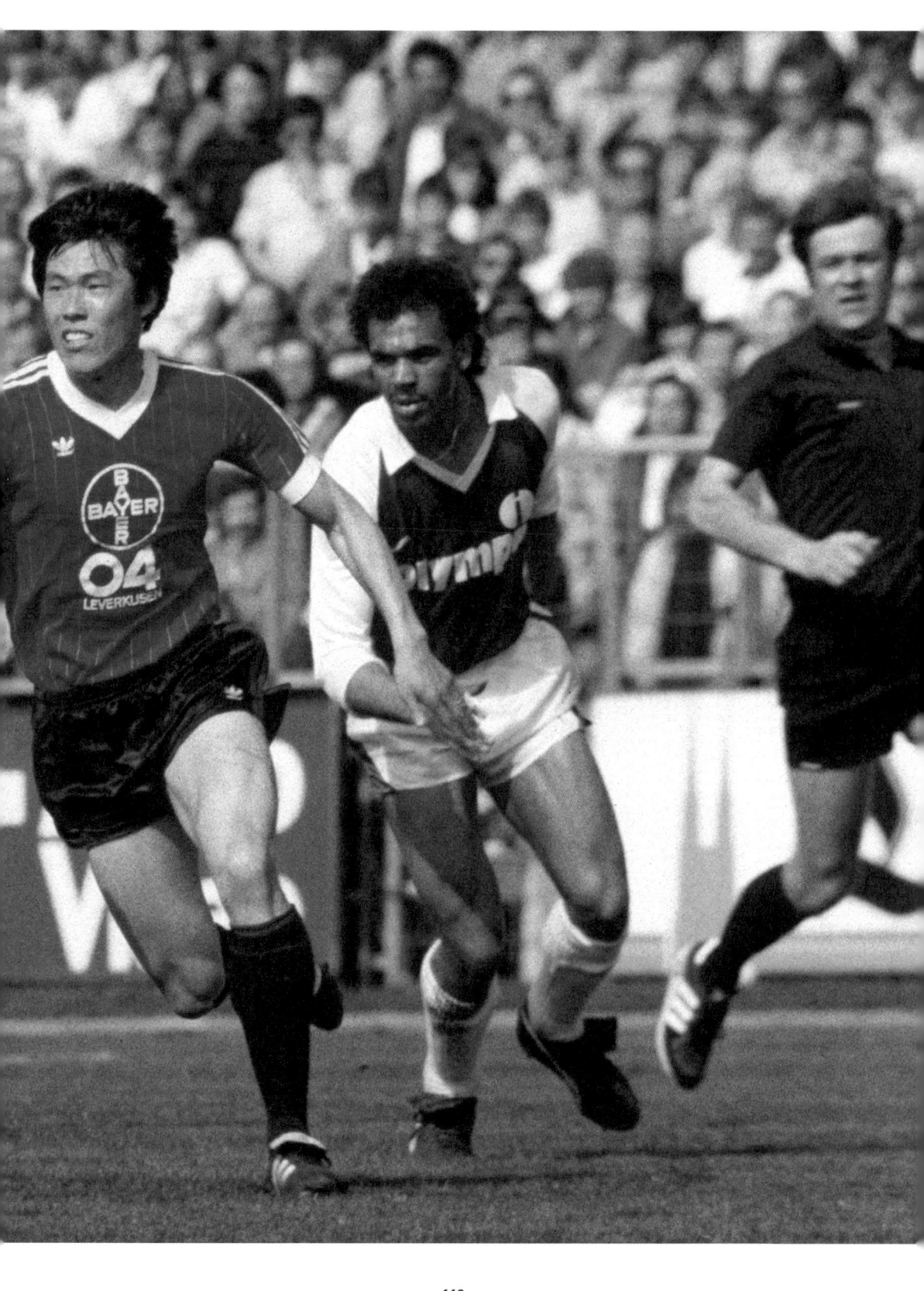

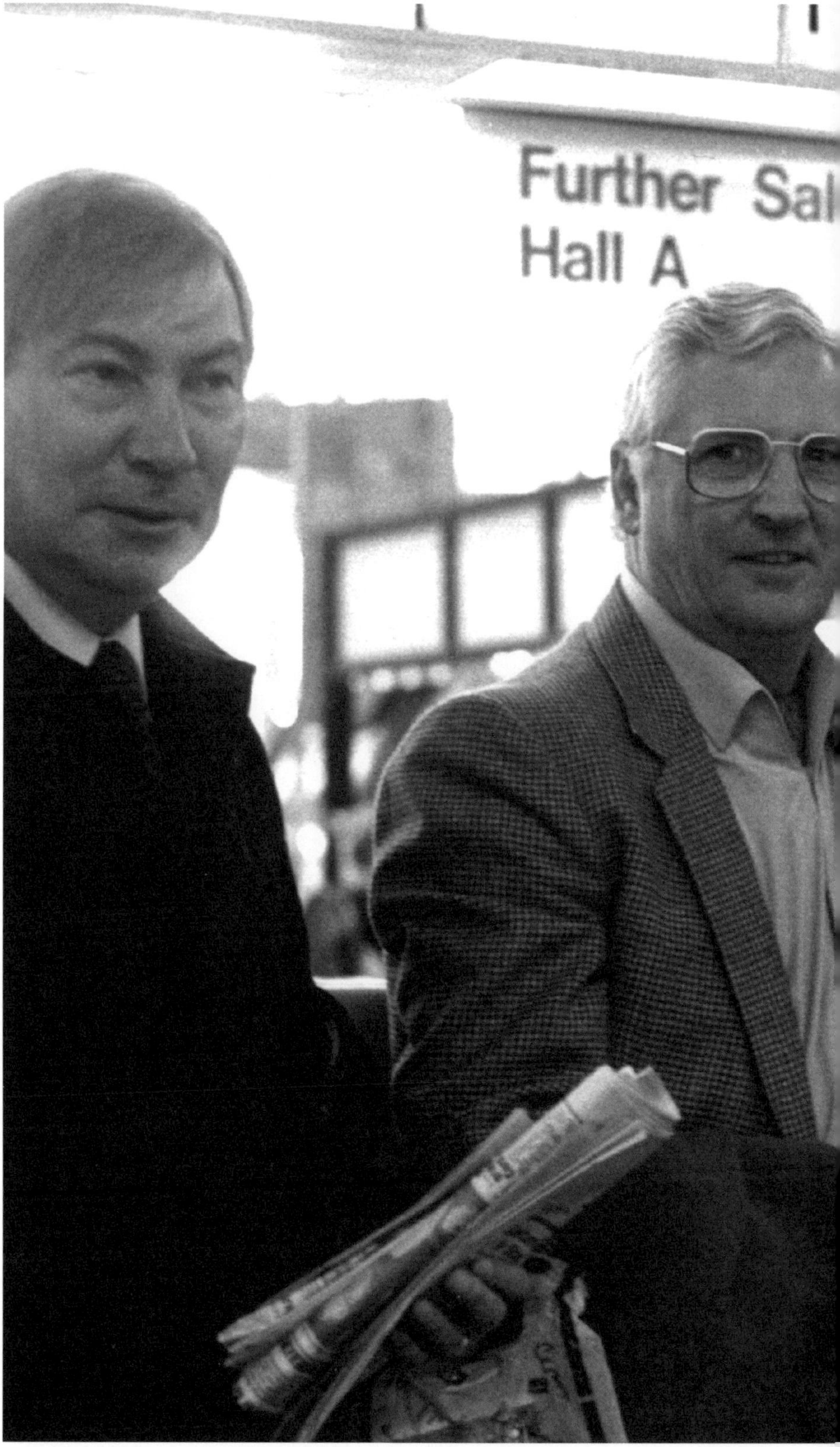
Further Sal
Hall A

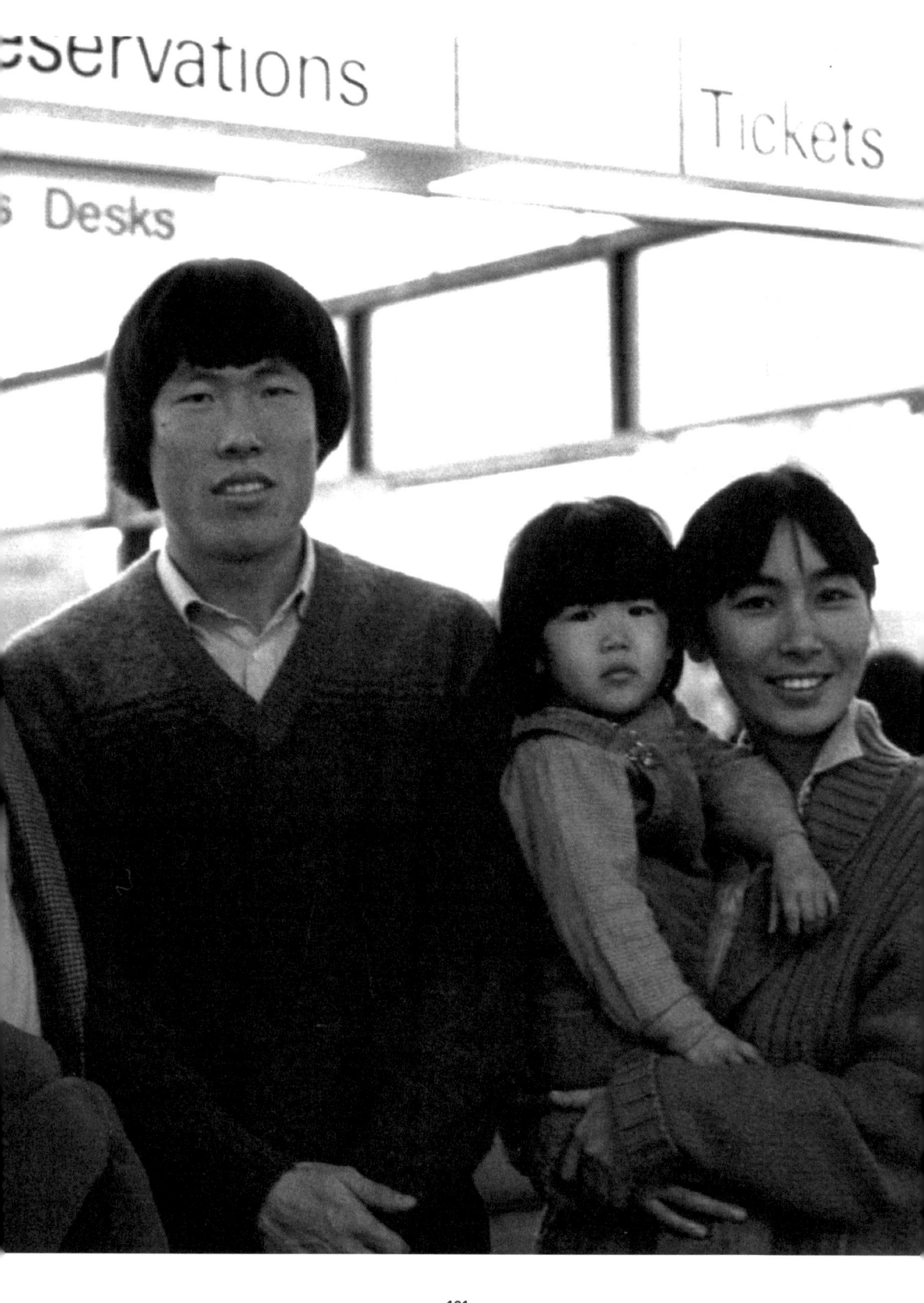

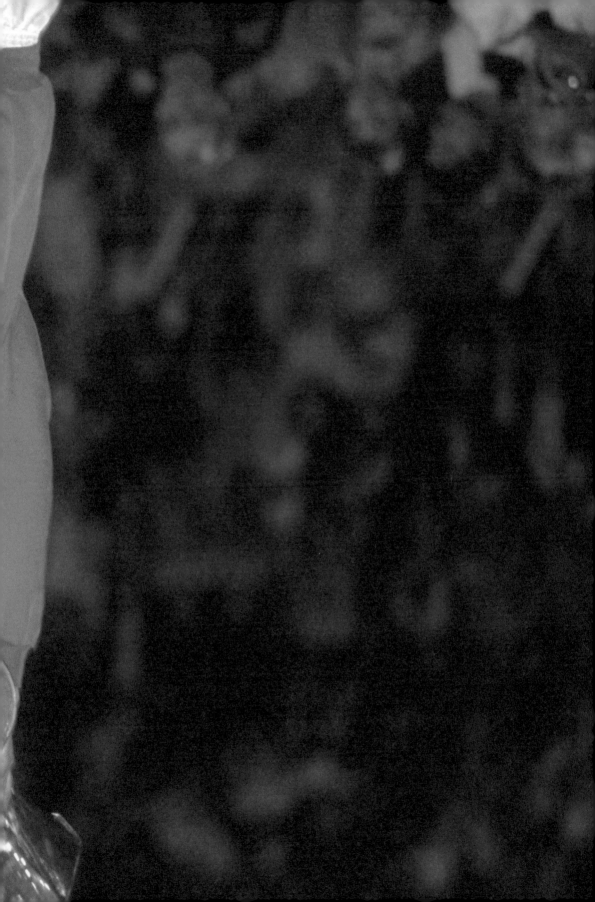

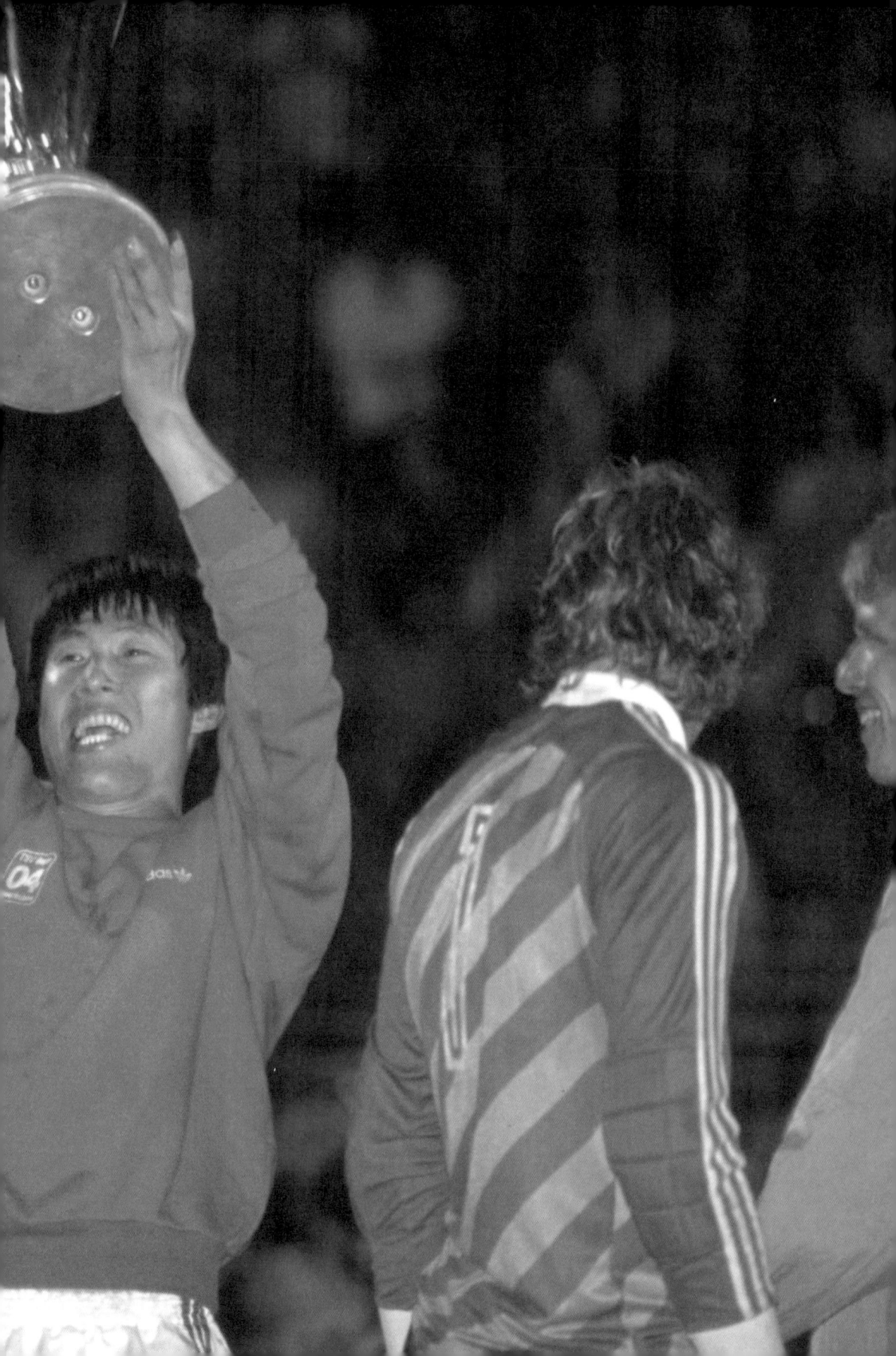

Scho"n ist, Mutter Natur, deiner Erfindung Pracht,
Die den großen Gedanken vermochte, den
Knaben zu tra"umen, zu denken - und dann auch zu
Bilden mit den schnellen, beseelten, jauchzenden
Fu"ßen des Ju"nglings: Flink, flitzend,
Flirrend und flackernd - nicht lange fackelnd,
Doch feuernd und feiernd; den fu"hlenden Herzen
Frankfurts zur Freude.
Bum Kun Cha! Freund aus dem Osten! Fremdling bist
Du nicht la"nger - nicht bitt'res Los ist Exil
Dir! Heimat, die zweite, du fandst sie.

아름답도다, 영광의 창조자인 어머니 자연이여.
당신은 빠르고 생기가 있으며 환호하는 발을 가진 소년들을
꿈꾸고 숙고하고 또 창조하는 큰 생각을 하는 위치에 있다
번쩍이고 민첩하며 쏜살같은 하지만 머뭇거리지 않는 젊은이들을.
그리고 불을 뿜고 열광하며 프랑크푸르트의 심장을 기쁨으로 이끈다
차범근, 동양에서 온 친구! 당신은 더 이상
이방인이 아니며 유배된 쓰라린 운명이 아니다!
너에게! 이곳은 네가 찾은 제2의 고향이다

———

Eckhard Henscheid
에크하르트 헨샤이트

차범근은 해외에 진출한 축구 선수 1호였다. 스물여섯 나이에 독일 무대를 개척했다.
분데스리가에서의 10년, 개인의 삶은 없었다. 그때 그 선구자는 즐거움을 몰랐다.

인터뷰 **류청** 글 **조형애** 사진 **이연수, 이재형**(축구 수집가)

*편집자주: 차범근 이사장의 어투와 인터뷰 당시 분위기가 최대한 전달될 수 있도록, 답변은 평어체를 그대로 살렸습니다.

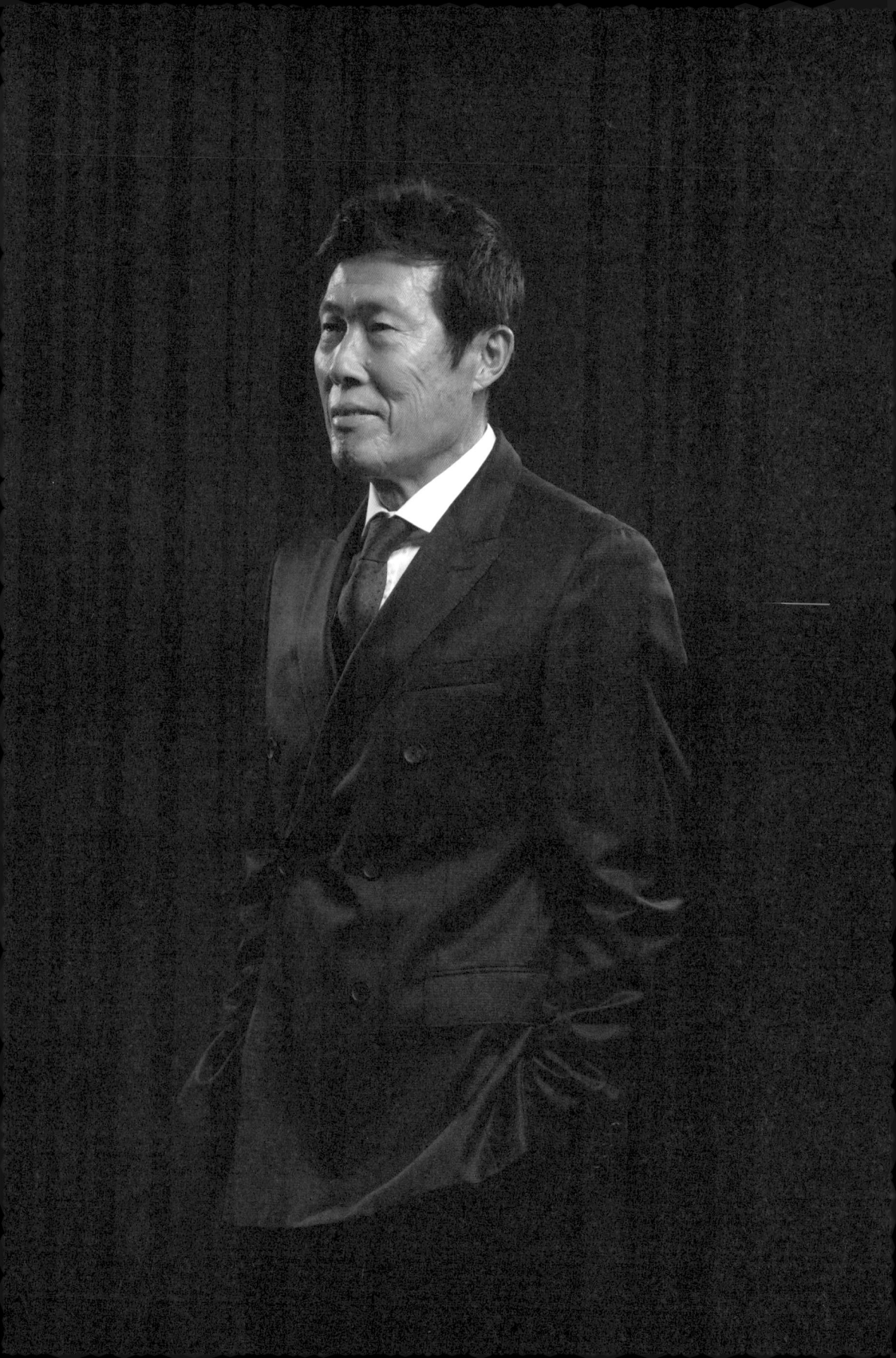

유난히 추웠던 초겨울의 어느 날. 서울 종로구 평창동의 한 주택 안에서는 노부부의 가벼운 입씨름이 벌어지고 있었다. 확신에 찬 아내가 먼저 주장하고, 남편은 어딘가 자신 없는 목소리로 반박했다.

"독일 프랑크푸르트 직항 노선 생긴 지 얼마 안 됐어. 담배 안 피운 지도 얼마나 됐어? 옛날엔 흡연석, 금연석을 선택했었다니까?"

"아닌데… 원래부터 비행기 안에서는 담배 피우면 안 됐지 않아?"

"이기 봐. 노인네 다 됐어. 팩트 체크 잘해줘야겠다!"

실은 전 세계적으로 기내 금연 정책을 실시한 게 20년도 채 안 된 일이라는 걸 알고 있었지만, 가만히 있었다. 지금 가장 흥미로운 사실은 우리와 마주 앉은 이들이 차범근 부부라는 것이기 때문이다.

오은미 씨는 여러모로 황당한 기색이었다. 마침 우린 독일을 왕래하는데 미국 알래스카를 경유했다는 이야기를 듣고 눈을 동그랗게 뜬 참이었다. "알래스카 경유한 것도 신기하다는 거야? 거기서 경유한 건 럭키한 거야. 프랑크푸르트를 오가려면 북회노선, 남회노선이 있었어. 남회노선을 이용하면 스위스 갔다가, 사우디아라비아 갔다가 한국에 들어오는 거야."

"그랬나…?" 차범근 차범근축구교실 이사장이 가물가물한 기억을 더듬자 오은미 씨는 눈을 질끈 감았다. 얼른 바꾼 주제는 알래스카 공항에서 먹었던 우동이다. 그는 뜨끈한 우동을 떠올리며 입맛을 다셨다.

"아, 맞아. 그 우동…!"

그때였다. 헛다리를 짚던 차범근 이사장도 시간 여행에 제대로 진입하고 있었다.

730605, 가난과의 이별

차범근 이사장은 아직도 고기 1근(600g)은 거뜬히 먹는다고 했다. 지난밤도 900g을 먹었다고 했다. 가족들 사이에서도 그는 대식가로 불린다. "우리 두리가 그래. 아빠 진짜 잘 드신다고."

고기가 익숙해진 건 스물 하고도 한참 뒤 일이다. "한국에서는 돈이 없어서 고기를 못 먹었어. 독일 가서도 고기 먹는 게 습관이 안 돼 있어서 초반 6개월은 힘들었지. 할 수 없이 약이라 생각하고 고기를 기름에 튀겨서 먹었어."

학창 시절 그는 찐빵 하나 제대로 사 먹지 못했다. 5원이 없어 침을

삼켰다. 앙상한 몸은 성할 날 없었다. 돌산을 깎아 만든 경신학교 운동장은 살갗을 거칠게 할퀴었다. 못으로 엉성하게 스터드를 박은 축구화는 발바닥에 상처를 냈고, 선배들 옷을 손빨래하다 양손이 다 부르텄다. 소년 차범근의 꿈은 거친 환경 속에서 자랐다.

전쟁의 상흔이 가난과 굶주림으로 남아 있던 1950년대에 태어나셨습니다. 유년 시절 "가장 절실한 문제는 먹는 것"이었다고요?

우리 때 쌀밥은 겨울에 조금 먹을 수 있는 거고, 나머지는 보리밥을 먹었어. 끼니야 감자, 고구마, 옥수수로 때우는 시기였지. 중고등학교 때를 떠올리면 배고픈 기억이 많아. 먹는 것에 유혹이 많았어. 훈련에 비해 먹는 게 턱없이 부족했으니까. 학교에서 목욕탕 가는 길에 찐빵가게가 있었거든? 솥뚜껑을 열면 김이 확-하고 나. 정말 먹고 싶었어. 외상으로 한 번 먹었다가 졸업할 때까지 못 갚아서 결국 뺑 돌아서 다른 길로 다녔지. 난 지금까지도 그 찐빵을 좋아해.

그 어려운 시절에 축구는 어떻게 시작하게 되었나요?

내가 축구를 시작할 땐 운동화도 없었어. 하얀 고무신도 비싸서 난 검정 고무신을 신었어. 어려서는 뛰어노는 걸 좋아했던 것 같아. 운동화가 없으니 맨발로 하는 거지. 공을 가지고 놀고 싶었는데 정말 아무것도 없었어. 새끼줄을 동그랗게 만들어서 공이라고 차거나, 특별히 명절 때 돼지를 잡으면 오줌보로 공을 만들어서 축구를 했지. 운동화를 산다는 건 우리 살림에 어려운 일이었어. 어쩌다 사도 지금처럼 기능적이지 못해서 한 번 신으면 양 볼이 다 터져. 밀가루 배급받을 때 하얀 헝겊 포대에 받거든? 그 포대를 신발에 감곤 했어. 그렇게 환경이 열악했지. 그래도 같은 연령은 물론이고 형들보다도 민첩하니까 형들이 나를 늘 놀이에 끼워줬어. 축구를 해도 그랬지. 학교에서 축구를 한 건 2학년 2학기부터야. 그때부터 맨발이 아닌 운동화를 신고 축구할 수 있는 초등학교 시절을 보냈어.

축구를 시작한 뒤에 바로 두각을 보였나요?

선천적으로 민첩하고 스피드는 좋았던 것 같아. 100m를 11.3초까지 뛰었으니까. 그런데 중학교 때 나한테 너무 많이 실망했어. 내가 입학하니까 영도중학교 축구부가 없어져서, 대신 1년 반 동안 필드하키를 했거든. 한동안 쉬었다가 경신중학교로 전학해서 다시 축구를 하니까 다른 애들을 못 따라가겠더라고. 도망도 다니고, 포기할까도 싶고… 아직도 못 잊는 돈이 있어. 3만 8,000원. 아버지가 농사가 잘되는 비싼 논을 팔아서, 싼 데로 옮기면서 받은 그 돈을 전학비로 쓰셨거든. 시골에서 그 엄청난 돈을 해줬는데

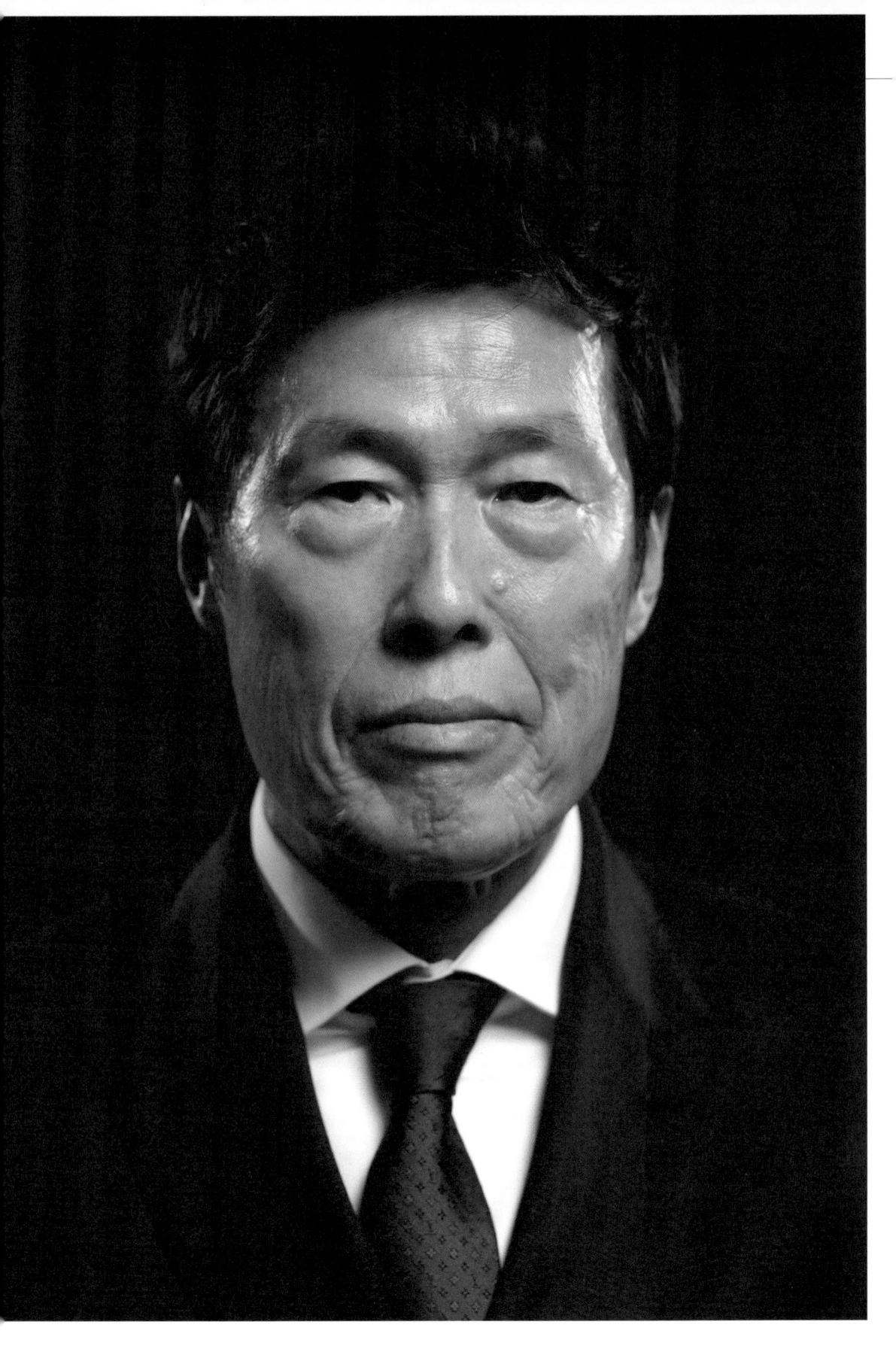

친구들과 실력이 하늘과 땅 차이니까 나에겐 절망이었지. 그래도 부담과 책임감이 있으니 나름대로 열심히 했어. 배는 계속 고팠어. 고픈데 합숙소에서 주는 것 말고는 먹을 게 없어서 영양실조까지 걸렸었어.

못 먹은 것치고는 체격이 정말 좋아요. 근육의 질이 다르다고나 할까요?

체격은 타고나는 거라서 못 먹고 잘 먹고와는 조금 다른 문제인 거 같아. 나도 '내 허벅지가 왜 굵을까'하는 생각은 했어. 그렇게 물어보니까, 어릴 때 스케이트를 탄 게 근육을 발달하게 한 게 아닌가 싶어. 초등학교 3학년 때 이야기야. 그 어려운 와중에 아버지가 스케이트화를 사다 주셨어. 겨울에도 운동을 하라는 거였지. 체감 온도가 영하 15도에서 20도는 됐을 텐데, 아버지가 나를 깨워서는 스케이트를 타라고 하셨어. 우리 집 시골 뒷동산에 저수지가 하나 있었거든. 그때 정말 가기 싫었는데 "그런 정신으로 무슨 축구를 해!"라고 하시길래 따라간 거야(웃음).

언 저수지 위를 도는 건가요?

10바퀴씩 돌았어. 새벽에 아무도 없는 깜깜한 저수지 위를 도는데, 얼마나 무서웠는지 몰라. 한 바퀴만 돌아도 허벅지가 뻣뻣해졌지. 스케이트화도 안 좋은 거라 발목도 아프고. 처음 3일은 삼형제를 다 데리고 나갔는데, 형들은 다 넘어져서 말하자면 '불합격'됐어. 나만 안 넘어지니까 아버지도 생각하신 것 같아. '범근이가 운동에 소질이 있구나!' 그러니 땅을 팔아서 축구하라고 전학을 시켜주신 거겠지. 그 후론 중고등학교 때 계단 오르는 걸 많이 했어. 훈련을 따라갈 수 없으니까 새벽마다 일찍 일어나서 운동했거든. 기술적으로나 체력적으로 나의 성장에 밑거름이 된 게 결국 개인 훈련이었어.

그럼 언제부터 먹을 걱정 하지 않고 축구에 전념할 수 있게 되었나요?

1973년 6월 5일. 아직도 날짜를 기억해. 안 사람을 만난 날짜야. 안 사람네 집이 잘살았어. 그래서 고기도 먹고, 한약도 지어 마셨어. 장인어른이 갈빗집에 외상 달고 먹을 수 있게도 해주셨고, 대학교 때도 라면 하나 먹는 게 최고의 점심이었는데 말이야. 안 사람을 만나고부터는 잘 먹어서 이전 세대들보다는 나은 환경에서 축구를 할 수 있게 됐어.

사모님께 적극적으로 대시했다고는 들었어요.

죽기 살기로 잡았지(웃음). 사실 안 사람이 나를 만나러 소개팅에 나온 게 아니라 대타로 나왔어. 이게 운명인 거지. 내가 사정사정했어. 연애하는 내내, 축구만 하게 지원해달라고.

독일이어야만 했던 이유

자세를 고쳐 앉은 차범근 이사장은 꿈에 대한 허기를 이야기하기 시작했다. "그래. 축구를 잘하고 싶었어."

"난 모방하는 걸 좋아했어. 선배가 지적하는 단점을 제거하고 개선하려고 나름대로 애썼던 것 같아. 좋은 기술이 있으면 흠모하고 말이야. 김용식(*1954스위스월드컵 감독, 1936베를린올림픽 출전) 선생님 시대에는 개인 훈련을 많이 했다고 하던데 그 영향을 받은 거지."

"지금 시절에는 내 이야기가 전달이 잘 안 될 텐데…" 그는 우리가

이해하지 못할 것이라 짐작하며 말을 꺼내다 이내 멈췄다. 차범근 이사장은 눈가를 꾹 누르고 있었다. 하지만 곧 뜨거운 눈물이 눈가를 적셨다. 급히 뽑아 든 티슈가 감당하지 못할 정도였다. 그는 울고 있었다.

체감할 수 있을 만큼 가까웠던 우리나라의 아픈 역사. 그 속에서 동경했던 선배들이 직접 겪었던 고통, 그리고 후대에 이어질지 모른다는 두려움에 차범근 이사장은 여전히 아파하고 있었다. 여론이 달가워하지 않던 독일행 비행기에 왜 올라야 했을까. 설명은 불쑥 터져버린 눈물로 충분해 보였다.

1977년 4월, 밴쿠버화이트캡스가 영입을 시도했다는 보도가 있었어요.

박스컵(*대한축구협회에서 개최한 국제축구대회)을 통해서 날 보고 영입 제의를 하지 않았나 싶어. 해외에서 처음 오퍼 온 팀이 화이트캡스였어. 그런데 난 삼성 트레이닝복을 입고 파란 잔디에서 뛰는 독일 선수들이 멋있다고 생각했어. 프란츠 베켄바우어가 아웃사이드로 패스하고 게르트 뮐러가 득점하는 걸 보고 꿈을 키운 거지. 우리는 맨땅에서 축구하는데 말이야. 그게 너무 멋져서 독일에서 축구하는 게 꿈이었어. 근데 뭐 갈 수 있는 방법이 있어야지?!

1978년 일본 재팬컵(*제1회 기린컵)에서 독일 클럽과 맞대결을 했어요. 그때 활약으로 독일 진출까지 하게 되었다고요?

보루시아묀헨글라트바흐와 SE팔메이라스가 함께 초청받았지. 우린 묀헨글라트바흐에 3−4로 졌어. 그때만 하더라도 독일 팀과 경기한다는 건 두려운 일이었어. 10분 만에 3실점을 했는데, 겁을 먹어서 다리가 안 떨어지더라고. 실은 묀헨글라트바흐가 그 후로 선수를 교체하면서 느슨하게 경기를 운영해서 우리가 좀 따라잡은 거야. 알란 시몬센(*1977년 발롱도르 수상자)은 정말 잘하더라. 나도 그 경기와 팔메이라스전을 잘했어. 그때 나름대로 생각했지. '(독일에) 갈 수도 있겠구나.' 그해에 박스컵도 했는데 프랑크푸르트 코치가 아마추어팀을 끌고 왔다가 내 경기를 본 모양이야. '독일 가서 뛰어보지 않을래?'하고 제안을 했고, 나도 '테스트받을 실력은 되겠구나'하는 생각은 한 것 같아. 그때 신분은 군인이었어. 독일을 가야겠다는 생각에 군대 문제를 빨리 해결하려고 공군에 자원입대를 한 상태였어.

왜 꼭 독일이어야만 했는지요?

독일을 가고자 하는데 중요한 몇 가지 이유가 있었어. 첫 번째는 내가 대표 선수를 할 때, 번번이 올림픽이나 월드컵 진출에 실패했어. 그때마다 신문에서 질타하는데, 나한테는 그게 뼈아팠어. 문전 처리 미숙, 골 결정력 부족. 왜 이런 소리를 계속 들어야 하는가, 왜 더 잘할 수 없을까? 고민했지. 그러니까 '분데스리가는 어떻게 저렇게 축구를 잘할까' 하는 생각으로 이어지는 거야. 왜 잘하는지 늘 알고 싶었고, 궁금했어. 내가 축구를 하면서 안고 있었던 근본적인 문제였어. 우린 왜 더 축구를 잘하지 못할까, 더 잘할 수는 없을까. 두 번째는 일제강점기에 나보다도 더 어렵게 축구하신 우리 선배들 때문이야. 보통 발목이 꺾이면 부어서 시합을 못 해. 축구화도 안 들어가니 어떻게 하겠어. 그런데도 한일전에 나섰다는 거야. 지금 축구화는 물을 뿌려도 안 늘어나는데, 당시에 축구화는 물을 부으면 늘어났거든? 전날 축구화를 물에 담가 놓고, 다음날 늘어난 축구화를 신고 뛰신 거야. 정신력으로 뛴 거지. 그러니 일주일 중 하루, 밤 10시만 되면 나오는 분데스리가 편집본을 보고 돌아버릴 것 같았지. 어렵게, 힘들게 축구하는데 비난의 화살을 받아야 한다는 게… 그게 내겐 짐이었어.

세 번째는 훗날 일본에 질 수 있다는 위기감 때문이었어. 1978년 재팬컵에 갔는데, 파란 잔디 위에 일본 어린이 50명 정도가 축구하고 있더라고. 통역사에게 물어보니까 "한국에 매번 지니까 30년을 내다보고 다시 시작한다"고 하는 거야. 적혀 있는 문구가 뭐였는지 알아? '타도 한국'. 그걸 보는 순간 '이거 일본한테 질 수도 있겠네?'라는 생각이 들었어. 난 일본에는 절대 지면 안 된다는 걸 아버지, 선생님, 선배들로부터 귀 따갑게 들은 사람이야. 그때 '선수를 그만두면 유소년을 키워야겠다'고 다짐했어. 이런 생각들을 가지고 독일에 간 거지.

한국에 프로축구 리그도 프로 선수도 없던 시기였습니다. 원대한 꿈을 가졌는데, 당시엔 해외 진출을 막아야 한다는 여론이 컸다고요? 국내 인재 유출이라면서요.

당시 내가 독일로 나가는 것에 대해 국민들 20%가 찬성이고, 80%가 반대였을 거야. 그만큼 덜 깨어 있던 시기였어. 앞서가는 사람은 그래서 힘든 거야. 어쩔 수 없지. 감내해야지. 훌륭한 선배들이 헌신하고, 개인의 삶을 포기하면서까지 한국 축구 바닥을 지켜왔으니까. 김용식 선생님 같은 분들, 그분들이 우리가 축구할 수 있도록 지켜주셨어. 정말 어렵게 사셨지. 하…

차범근 이사장 표정이 일그러졌다. 그가 감정을 추스를 수 있게 우린 침묵했다. 바닥을 응시한 채였다. 그 사이 감정은 격한 파도가 되어 있었다. 우린 어찌할 바 몰랐다. 그렇게 꽤 시간이 흘렀다. 한동안 우린 그의 부은 눈과 마주했다.

그런데 축구를 정말 사랑하셔. 난 그게 너무나 마음이 아파. 자기 손으로 뭘 하려는데 돈이 없었지. 그분께 영향받은 게 '좋은 축구를 하고, 돈도 벌어야겠구나!'였어. 그래서 독일을 선택한 거야. 죽겠다는 각오로 갔어. 독일에서 선배들의 아픔을 안고 살았기 때문에 돌아올 수밖에 없었어. 선생님들을 떠올리면, 아직도 가끔씩 이렇게 울컥울컥해.

차붐, 차붐!

차범근 이사장의 꿈은 바람이 아니라 다짐을 닮아 있었다. 빠른 적응과 성공에 대한 비결은 모두 "그래야만 했다"는 답변으로 수렴했다.

날씨라고 맞았을까. "여름 석 달 빼고는 다 너무 힘들었어. 질퍽한 데서 늘 훈련하니까 근육 부상도 많았어." 음식도 그를 괴롭혔다. "일주일에 한 번씩은 마른 빵에다가 치즈를 먹는 식사가 있어. 나는 죽었다 깨어나도 그거로는 안 되겠더라고. 예산이 있어서 선수마다 먹을 수 있는 스테이크 양이 정해져 있었는데 난 '스테이크를 해달라'고 해서 먹었어. 창피했지. 놀림 당할 것도 같고, 공을 더 못 찼으면 민망했을 텐데…"

그렇지 않았다는 이야기다. '차붐'은 주전을 놓치지 않았다. 발롱도르 수상자들과 견줄만한 활약을 펼쳤다. UEFA컵은 두 번이나 들어 올렸다. 프랑크푸르트도, 레버쿠젠도 그 이후 유럽 정상에 선 적이 여태 없다. "분데스리가 주간 베스트 42회, 시즌 베스트 2회." 차범근 이사장은 말했다. "그러니까, 내가 얼마나 잘했는지 알겠지?"

– 아인트라흐트프랑크푸르트

첫 시즌에 분데스리가에서 12골을 넣었습니다. 시즌 15득점을 했고요. 프랑크푸르트는 UEFA컵 정상에 올랐습니다. 어떻게 그렇게 빨리 적응한 건가요?

당시는 너무 배가 고팠어. 음식도 음식이지만, 꿈에 대한 배가 고팠어. 살기 위한 투쟁이었지. 내가 청소년 때 발전했던 것처럼, 국제 경기를 하면서 발전했어. 경기마다 도약했지. 분데스리가에서도 똑같았어. 뛰면 뛸수록 내가 모르는 사이에 도약한 거지. 나는 나날이 발전하는데 현지에서 보지 않으면 누가 알겠어? 프랑크푸르트 팬들은 그걸 본 거야. 프랑크푸르트에서 보낸 4년이 내 전성기야. 서른 살까지 뛰었으니까. 사실 그 팀에서 골을 나보다 많이 넣은 선수는 많아. 그런데 프랑크푸르트 구단도 그렇고 〈키커〉라는 축구 전문 잡지도 그렇고, 그 당시 한국 사람인 나를 높게 평가했다는 게 대단한 거지.

맞아요. 1980년 〈키커〉가 랑리스테(*독일 〈키커〉 선정, 선수 랭킹)에서 외국인 1위에 선정되었어요. 2위가 발롱도르 2회 수상자인 케빈 키건이었고요.

그러니까 독일 사람들이 '차붐, 차붐' 하는 거지. 괜히 그러겠어?(웃음)

당시 〈키커〉를 즐겨 본 건가요? 〈키커〉 평점은 낮을수록 좋은 거죠?

랑리스테 표지는 아직도 인터넷에 떠돌던데? 계속 봐주니까 고맙지. 지금 시대 사람이 봐도 자랑스러운 일인가 봐. 그 옛날 한국 선수가 좋은 평가를 받은 게 나쁜 건 아니니까. 난 4년 동안 엄청나게 성장했어. 축구에 모든 걸 쏟았기 때문이야. 내가 얼마나 축구에 목말라했는지는 설명했으니 알 거야. 너무 가고 싶었던 곳이었고, 한국 축구에 새로운 변화를 시도하는 거니까 또 얼마나 갈급했겠어. 프랑크푸르트에서 보낸 4년 동안 평점은 2.85점을 넘은 적이 없어. 3점은 'good'으로 보면 돼. 2점은 굉장히 잘해야 하고, 골만 넣어서는 2점 대가 힘들어. 경기도 잘해야 받을 수 있는 평점이야.

UEFA컵 우승 후, '황제의 방(*신성로마제국의 황제 즉위 축하연이 열린 장소) 테라스에서 우승컵을 들어 올렸을 땐 어땠나요? 동경하던 베켄바워가 1974서독월드컵 후 트로피를 들어 올렸던 바로 그 장소인데요.

프랑크푸르트 사람들에게는 축제였지. 그것도 UEFA컵 우승이었으니까 말이야. 지금 규모로 이야기하면 챔피언스리그 버금가는 대회였어. 준결승에서 바이에른뮌헨을 만났어. 다른 준결승에선 뮌헨글라트바흐와 슈투트가르트가 붙었지. 당시 4강에 독일 팀이 다 올라갔어. 분데스리가의 위상을 알 수 있는 거지.

프랑크푸르트 주축 선수였으니 상당한 관심을 받았겠어요.

독일은 축구가 생활이니까. 축구 할 때는 올-스톱이야. 그런데 웬 동양인이 와서 잘하니 사람들이 관심을 안 가지려야 안 가질 수가 없지. 골 넣으면 전광판에 '차범근'이라고 한글로 써줬을 정도였어. 한국 사람들이 감격해서 울고 그랬어. 프랑크푸르트를 여행하는 사람들은 내 경기에 딱 맞춰서 오려고 하고 그랬다지. 대부분은 그래도 교민들이었어. 교민들이 내가 가는 데마다 와선 태극기를 걸어두고 그랬어. 한국 사람이라는 자부심, 거기에 더해 파독 간호사와 광부의 아픔을 마음에 담고 난 뛰는 거야. 그러니까 전투하러 들어가는 거였지.

당시 프랑크푸르트는 득점을 도와줄 동료 선수가 많지 않았다고 들었어요. 그래서 더 좋은 팀에 갔다면 통산 200골도 넣을 수 있었다고 주장하는 사람들도 있고요.

그럼 조금 더 넣을 수는 있었겠지? 좋은 팀에 가면 좋은 선수들이 많고, 서로 힘을 받으면서 경기도 훨씬 잘하게 되는 건 분명

있으니까. 그런데 프랑크푸르트 시절엔 다른 잘하는 선수들이 나를 많이 도왔어. 베른트 휠첸바인, 베른트 닉켈 같은 감각적인 선수들이 있었어. 레버쿠젠 땐 도움을 많이 못 받았어. 나중에는 미드필더로 전환하니까 골을 많이 못 넣었던 거고.

오쿠데라 야스히코와도 많이 비교되었어요. 그런데 실제론 식사도 같이 하는 사이였다고…

어느 날 보니까 오쿠데라가 독일에 가 있더라고! 보고서 생각했지. '아시아에서 내가 최고인데 먼저 가 있어?'(웃음) 내가 있던 프랑크푸르트와 오쿠데라가 있던 쾰른의 맞대결은 우리 홈에서 처음 열렸어. 한국, 일본은 물론 독일 언론도 난리가 났지. 결과적으로 우리가 3-1로 이겼고, 내가 2골을 넣었어. 그 다음엔 논란 끝. 더 이상 나와 오쿠데라를 비교하지 않았지. 프랑크푸르트에서 뛴 4년을 한국 사람들은 잘 모를 거야. 그 4년은 지금까지도 좋은 평가를 할 정도로 위상을 바꿔 놓은 시간이었어. 프랑크푸르트 역사에 그동안 많은 선수가 있었어. 난 4년 밖에 없었는데, 역대 베스트11에 들어가잖아.

— 바이엘04레버쿠젠

차범근 이사장의 레버쿠젠 이적은 한편의 첩보 액션물을 연상케 한다. 부부는 고백한다. 프랑크푸르트와 계약 만료도 분데스리가의 재정 건정성 재고에 따른 임금 삭감도 빅클럽 이적 무산도 '진짜 문제'는 아니었다고 말이다. 부부는 때마침 겹친 주택 사기 사건으로 골머리를 앓고 있었다. 해결해줄 수 있는 팀은 막강한 자금력으로 무장한 레버쿠젠뿐이었다. 오은미 씨는 어제 일처럼 기억하고 있었다. 사고 친 사람은 아직도 멋쩍은 웃음만 지을 뿐이다. "허허허, 사고는 내가 치고 수습은 안 사람이 다 했지."

전성기를 보낸 프랑크푸르트와 1983년 결별했어요. 구단의 재정이 악화돼서 라고요?

오은미 씨: 그 해에 분데스리가가 어려웠어. 1982스페인월드컵에서 우승을 놓치고 나서 (리그 건정성 때문에) 선수들 월급의 반이 깎였거든. 실은 우리도 더 있고 싶었지. 그런데 프랑크푸르트를 떠날 수밖에 없는 일이 생겼어. 사기를 당했거든. 어느 날 밥을 해 놓고 기다리는데, 이 사람(차범근 이사장)이 안 들어오는 거야. 알고 보니 주택 매입에 사인을 한 거 더라고. 나는 몰랐지! 당시 서독 정부는 고소득자가 집을 지어 타인에게 임대하면 세제 혜택을 주는 정책을 펼치고 있었어. (주택 부족 문제를 해결하기 위해) 오로지 임대만 해야 하는 주택이었어. 독일에 고소득자라는 게 뻔해. 의사, 변호사, 정치인, 그리고 축구 선수지. 축구 선수들을 상대로 엄청 집을 매입하게 한 거야. 쉽게 말해 한 채에 20만 원이면 사는 집을 40만 원에 판 거지. 그러니까 결국엔 세제 혜택을 받아도 소용이 없는 거야. 믿을 만한 사람이 이야기하고, 주장 선수도 사고 그러니까 두 채나 사인한 게 문제였어. 집에 압류가 들어왔고, 월급도 압류됐어. 프랑크푸르트는 그 정도를 커버해줄 정도가 안 됐어.

차범근 이사장: 계산해보니 마흔 살까지 선수로 뛰어야 겨우 갚을 수 있는 돈이더라고…

레버쿠젠 이적 비화가 더 있을 것 같은데요? 가장 치열한 영입 경쟁을 했던 구단은 어디였나요?

자금력이 있는 구단은 당시에 레버쿠젠과 뉘른베르크였어. 난 잠시 한국에 들어와 있었는데, 그때 대우로얄즈에서도 빚을 다 갚아준다는 제안을 하기도 했지. 월급도 독일에서 받는 것만큼 주겠다면서 말이야. 뉘른베르크는 회장이 적극적이었어. 한국으로 제트기를 타고 온다고 기다리라고 하더라고. 레버쿠젠도 움직였지.

바이엘 한국 지사에 나와 있는 영국 직원을 내가 묵고 있던 호텔로 매일 보낸 거야! 그 직원이 내 객실 앞을 지켰어. 어디 못 가게 하려고(웃음). 그렇게 나와 안 사람을 태우고 프랑크푸르트 공항에 간 거야. 딱 내리니까 진을 치고 있던 레버쿠젠 직원들이 우릴 호텔에 다시 감췄어. 내가 사기당한 사정을 얘기했더니 레버쿠젠도 바로 계약서 준비해온다고 기다리라고 하더라고. 뉘른베르크는 날 계속 찾았대. 그러다 당시 프랑크푸르트 한식당까지 뒤져서 결국 우릴 찾았어. 마침내 정식으로 두 팀이 협상 테이블에서 붙은 거야. 우리에겐 레버쿠젠의 제안이 더 합리적이었어. 그때 거의 007이었지. 007.

정말 '007 작전'이네요. 당시 레버쿠젠은 돈을 많이 써서 공공의 적이었다는 이야기는 들었는데…

돈 많이 썼지. 동구권 선수들도 영입했어. 회장단 중에 한 분이 축구 선수 출신이었는데, 선수였던 만큼 축구단을 잘하고 싶어서 돈을 투자하기 시작한 거야. 운동장도 새로 짓고 말이야. UEFA컵 우승을 했던 1988년, 지금 바이아레나로 불리는 스타디움은 양쪽 골대 뒤 스탠드만 어느 정도 지어져 있었어.

독일 외에서도 영입 경쟁을 했다고 해요. AC밀란도 행선지 후보였죠?

AC밀란과 나폴리가 날 원했어. 나폴리를 갔더라면 이후에 합류한 디에고 마라도나를 동료로 만났을 수도 있었겠지. 그런데 집 사기 사건 때문에 독일 내에서 팀을 옮겨야 했어. 밀라노와 나폴리도 실제로 방문했는데, 외국인 쿼터제에 변화가 생기면서 모든 문제를 해결할 수 있는 구단은 레버쿠젠밖에 남지 않았어. 대우도 날 원했지만, 큰 뜻을 품고 해외에 나왔기 때문에 돌아가긴 싫었어.

에세이를 보니 함부르크는 '같은 값이면 다시 팔 수 있는 젊은 선수를 사는 게 이롭다고 해서' 영입 방향을 튼 것 같더라고요. 그리고 레버쿠젠과 맞대결에서 혼쭐이 나고요.

함부르크의 생각도 틀린 건 아니야. 나이 든 선수를 다시 팔기가 어려운 건 사실이니까. 당시 레버쿠젠은 당장 될 수 있는 선수가 필요해서 날 선택한 거지. 그런데 함부르크는 그 후로 레버쿠젠과 경기하면 나한테 계속 골을 먹여서 신문에서 두들겨 맞고 그랬어. 날 영입하는 데 실패해서 그렇다고 말이야. 이상하게 난 함부르크와 보루시아도르트문트를 상대로 강했어.

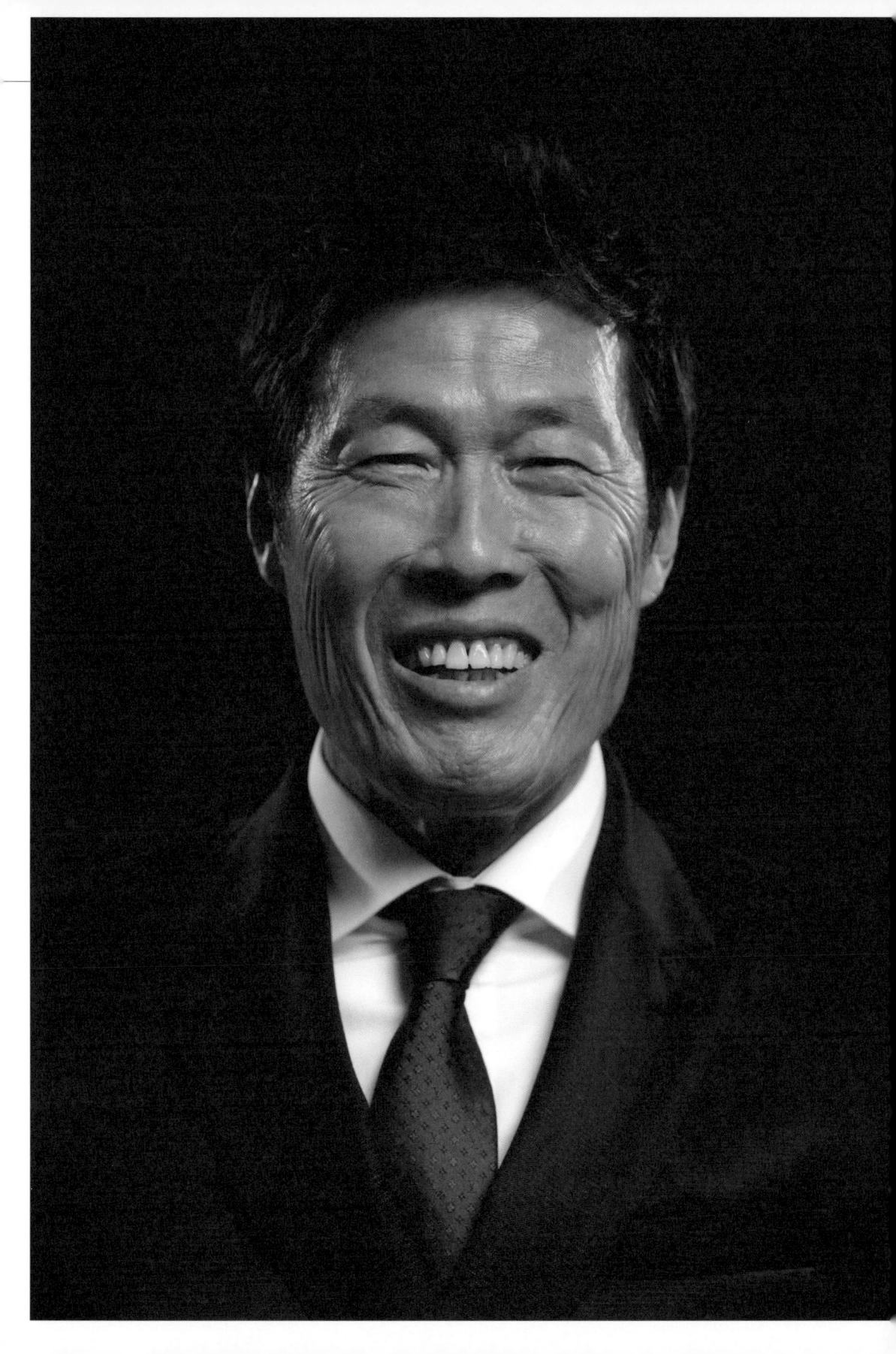

레버쿠젠 이적이 발표됐을 때 놀란 사람이 많았다고 해요. 당시 레버쿠젠의 위상은 어느 정도였다고 보면 될까요?

1부에 턱걸이하는 팀? 위상은 UEFA컵 우승 이후로 달라졌어. 그 시작은 우리부터지.

그럼 레버쿠젠으로 이적할 땐 또 UEFA컵 우승할 거란 생각을 못 했겠네요?

바로 우승한 건 아니고, 보강하고 5년 뒤에 했으니까 투자의 성과를 본 거라고 해야겠지. 근데 그때 레버쿠젠의 우승은 센세이션이었어. 바르셀로나도 우리한테 8강에서 졌어. 경기하면 대개 포스터를 붙여 놓잖아? 우리와 할 때는 A4 용지 크기로 붙여놨더라고(웃음). 물론 본 거지. 그때 우린 경기장이 작아서 퀼른 홈구장을 빌려서 경기했어. 전형적인 2부 리그 팀 같은데, 바르셀로나도 이기고 우승까지 했으니 결코 쉽게 일어나는 일은 아니지.

덜 주목하는 시기인 것 같기도 한데, 실제로는 레버쿠젠 초반 세 시즌의 득점이 상당해요. 하지만 공교롭게도 한국엔 중계가 안 됐던 시기라고 하고요.

지금 내가 생각해봐도 레버쿠젠에서 초반 3년 공격수로 뛸 때 잘했던 것 같아. 프랑크푸르트 때보다도 잘했어. 그런데 계속 베스트11엔 제외됐지. 〈키커〉 평점만 봐도 그래. 그게 당시 기자들의 파워라고나 할까? 퀼른을 단단하면서 겸사겸사 챙기는 게 레버쿠젠이었어. 레버쿠젠 선수를 라운드 베스트로 올리는 게 힘든 일이었어. 공격수로 뛴 건 6년 반에서 7년 정도? 나머지 3년에서 3년 반은 미드필더로 뛰었어. 그래서 마지막 세 시즌에 득점이 줄었지.

우승과 득점만큼이나 꾸준히 뛴 것도 눈길이 가요. 10년여 동안 리그 평균 30경기 이상을 뛰었어요.

그 비결은 자기관리지. 난 정말 앞 세대 선생님들이 너무 힘들고 어렵게 뛴 건 알고 있어서 '꼭 성공해야 한다'고 생각했어. 한국 축구를 위해서 또 한국 사람을 위해서 말이야. 그러니까 부상이 있어도 참고 뛰어야지.

나는 기계처럼 살았다

10년을 정리하는 말은 뜻밖이었다. 유쾌한 자기자랑은 더 이상 들을 수 없었다. 약간의 아쉬움과 묵묵히 뒤를 지켜준 이들에 대한 고마움, 미안함이 어느덧 노년이 된 그의 얼굴을 여러 빛깔로 채색했다. 차범근 이사장은 요한 크루이프, 미셸 플라티니, 올레흐 블로힌과 한 그라운드에 선 적이 있다. 1980년 12월, 국제구호단체 유니세프(UNICEF)가 후원한 바르셀로나와 세계 올스타의 경기에서다. 칼 하인츠 루메니게, 케빈 키건과는 분데스리가에서 숱한 맞대결을 펼쳤다. 기억은 특별하지 않았다. "응, 같이 뛰었지. 그랬었지." 그에겐 감흥을 느낄만한 여유가 없었다. 다들 조금 유명한 '적'에 불과했다.

스스로에게 지운 짐은 너무나도 컸다. 누구도 가 본 적 없는 길 위에서 차범근 이사장은 정답을 찾아야만 했다.

선구자의 삶에 즐거움이 배어들 새는 그리 많지 않았다.

독일에서의 10년 여, 돌아보면 어떤가요?

많은 사람이 내가 독일 가서 어려움을 느낀 걸 잘 모를 거야. 사느냐, 죽느냐의 싸움이었는데 말이야. 난 분데스리가를 사모하는 마음, 그리고 선생님들의 뜻을 안고 간 거였어. 무조건 성공해야 했어. 그래서 10년 동안 어디 구경 한번 못 다녔어. 내 삶이 없었어. 오후 10시면 자야 했어. 안 사람과 처음으로 여행 간 게 몇 년 전이었어. 독일에서도 휴가를 받긴 했지만, 그땐 다음 경기를 위한 재충전의 의미였어. 10년… 나는 정말 기계처럼 살았어. 내가 성공해야 한국 축구를 바꿀 수 있으니까.

화려했지만 그 10년이 즐겁지는 않았겠네요?

즐거운 일도 있긴 했지. 그런데 내 마음속엔 중압감이 늘 있었어. 10년을 뛰어도 불안하고 초조했어. 우리 시대는 해외 진출했던 사람도 없었고, 해외 리그도 TV에서나 봤던 시대잖아. 그런 공포감과 두려움을 끝까지 풀지 못했지. 잘하면서도 내가 잘하는지도 몰랐어. 독일 사람들이 인정해 줘도 나는 마음을 놓지 못하고 축구만 한 거야.

남들이 만들어 놓은 길을 걸었으면 어땠을까 하는 마음이 들 것도 같아요.

처음 가는 길은 어렵지. 만들어진 길 위에서 하는 게 낫긴 하지. 그런데 장단점은 다 있어. 우리는 정신력으로 한 거고, 지금은 보다 편안한 가운데 창조성을 끌어내지. 자유로움이 경기력에 나올

수 있어. 사람마다 환경은 다르지만, 내가 늘 강조하는 건 있어. 기본적으로 프로 선수는 스스로 컨트롤해야 한다는 거야. 남들이 시켜서 하는 건 한계가 있어. 스스로 부족한 걸 느끼고 뭘 더 해야 하는지를 깨달아야 하지. 어떤 직업을 가졌든, 자기가 하는 일에서 최고로 보일 수 있는 상태여야 하는 게 프로야. 그래야 남들이 감동을 받아. 아마추어가 할 수 없는 걸 해야지. 그렇지 않으면 무슨 감동을 주겠어?! 프로가 프로답게 몰입하면 팬들은 빠져드는 거야. 아직도 독일에 비해 우린 경기에서 모든 걸 쏟아내는 데 부족해. 맹숭맹숭하지. 나만 하더라도 모든 걸 쏟아내기까지 4년이 걸렸어. 습관이 참 무서워. 나보다 먼저 간 사람이 있었더라면 더 쉽고 빨리 적응했을 거야. 그런데 나는 앞서 경험한 사람이 없으니까 시간적으로 늦어졌어. 아프고, 다치고…

적은 훈련량에 적응하지 못했다는 이야기도 들었어요. 개인 훈련을 더 할까 봐 꼭 끝나면 데리고 들어가는 선수였다고요.

난 처음이었으니까, 실패도 하고 오판도 했어. 한국에서는 3개월 쉬다가 보름 동안 토너먼트 시합을 하니까 한 번 훈련하면 최소한 2시간에서 2시간 30분을 했어. 그것도 하루에 두 번, 세 번까지도 했지. 그러면 자기도 모르게 몸이 힘의 분배를 하니까 집중력이 떨어질 수밖에 없어. 독일은 주말 시합을 위한 훈련을 해. 60%로 훈련하고 100%를 시합에 쏟아. 훈련은 90분만 하고 끝이지. 그러면 난 훈련량이 성에 안 차서 끝나고 더 하게 되더라고. 로타어 부흐만 감독이 "쉬고 시합에 쏟아라"고 해도 말을 안 들으니까 결국엔 사람을 시켜서 운동장에 더 못 나가게 했어. 반강제로 개인 운동 금지를 당한 거지. 그런데 내가 느끼기 전에는 바꿀 수 없었어. 네 번째 해가 지나고서 그들의 방식이 맞았다는 걸 깨달았어. 그리고 1983~84시즌에 리그 34경기를 다 뛰었어. 4년이 지나 체득한 거야.

'세계적인 명장' 리누스 미헬스 감독과 많은 대화를 하던 사이였다고요? 특별한 가르침을 받은 게 있나요?

나는 돈만 벌러 간 게 아니잖아. 나름대로 한국 축구를 발전시키겠다는 마음이 있어서 늘 질문이 많았어. 감독이 바뀔 때마다 그랬어. 감독들의 견해를 많이 듣고 싶었어. 그 선생님이 내가 감독하기 전에 충고해 준 말이 기억나. "네게 모든 권한을 주는 팀이 아니면 가지 말라"고 하셨어. 감독이 전권이 없으면 어렵다면서 말이야. 모든 걸 할 수 있는 권한이 있어야 외풍을 이겨내고 일관성 있게 끌고 갈 수 있고, 결과도 낼 수 있다고 하셨어. 난 한국에서 한 번은 실패하고 한 번은 성공했지.

나의 가족, 나의 소명

전설의 고백은 가족에 대한 사과로 이어졌다. 차범근 이사장은 오은미 씨가 들어간 방문을 지그시 바라보며 말했다. "안 사람이 고생을 많이 했어."

그의 아내는 매니저이자 에이전트였다. 때론 개인 영양사로, 때론 전력 분석관으로 그리고 때론 심리 치료사로 곁을 지켰다. 축구를 하는 동안 스스로를 향해 치열하게 던졌던 질문에 답을 안내한 이도 오은미 씨다. "안 사람이 번역해 준 글 중에 이런 게 있었어. '어려서 공을 가지고 놀았던 감각은 훈련으로 만들어질 수 없는 것이다. 감각 속에서 기본기를 만들어야 한다.' 그 순간이었어. 10년 프로 선수 생활을 끝내고도 잘 몰랐던 한국 축구가 가진 숙제를 푼 거야."

차범근 이사장은 베를린 장벽이 무너지고 있을 때 유라시아 대륙을 건넜다. 독일에 머물기 원하는 가족의 은근한 의사, 그리고 프랑크푸르트의 코치직 제안을 뿌리쳤다. 10년 넘게 그를 짓누른 무거운 책임감은 유일한 소명이 되어 있었다.

"독일로 떠나기 전에 환송 받는 자리에서 '좋은 축구 배워서 한국 축구 후진을 위해 일하겠다'고 말했어. 그 얘기를 한 게 나를 계속 잡았어. 난 돌아올 수밖에 없었어."

독일에서 수도승과 같은 생활을 한 것처럼 들려요. 가족들의 희생이 불가피했을 것 같아요.

진짜 10년 동안 아무것도 못 하고, 거의 축구를 위해 바쳤어. 나이 들어 보니, 지난 일이지만 안 사람에게도 애들에게도 고맙고 감사해. 그 당시는 몰랐는데 날 위해 희생을 한 거야. 다 내 위주로 시간이 짜여 있었으니까. 아내가 고생을 많이 했어. 이제 가급적이면 아내 얘기를 다 들으려고 애를 쓰는 이유야. 내게 모든 것을 맞춰주고, 내가 죽을 고비를 몇 번이나 아내가 살려 냈어. 이제 헌신한 가족을 위해 사는 게 노년의 삶인 것 같아. 축구인으로는 한국 축구의 거름으로 사는 게 노년의 삶이구나 싶어. 꽃을 피우고 나면 좋은 토양이 돼야 하잖아.

자녀들에게도 프로축구 선수로서 시간을 칼같이 지킨 건가요?

첫째 하나와 둘째 두리에게는 엄격하게 했지. 참 마음이 아파. 지금 우리 손자 보면 정말 모든 걸 다해주고 싶은데, 정작 우리 애들에게는 내가 축구장에서 꿈을 위한 싸움을 해야 하니까 마음의 여유가 없었어. 많이 못 놀아줬지. 지도자로 나선 뒤에는 감독을 하느라 두리를 많이 못 봐줬어. 남의 손에만 축구를 배우게 한 게 참 마음에

걸려. 내가 조금이라도 더 돌봐줬더라면 지금 보다 훨씬 더 잘했을
텐데 하는 아쉬움이 있고, 조금 후회도 돼. 또 내가 하늘에 갔다가도
땅에 떨어질 때가 많이 있었잖아. 1998년 사건(*월드컵 도중 경질)도
있었고… 그런 생각하면 애들한테 좀 마음이 짠한 게 있어.

잊히지 않는 말이 있어요. '선수' 차두리의 은퇴사 중에 "차범근의 아들로 힘들었다"는 말이 있었어요.

축구는 나보다 못했는데 은퇴식은 제일 화려하게 했어(웃음).
대한민국에 그렇게 은퇴식을 그렇게 한 사람이 어디 있나?
차범근의 아들로 사는 게 힘들었겠지. 내가 생각해도 쉽지 않은
고비들을 넘겨야만 했어. 정말 탈선을 했어도 몇 번 했을 순간들이
있었어. 그래도 우리 아들로 자리를 지켜줘서 고맙지. 아들에게 내가
해준 게 없어. 오히려 부담만 줬어. 아무리 잘해도 나와 비교하니까
잘한 게 티가 안 나고, 본인이 얼마나 힘들었겠어. 이해가 가, 충분히.
어떤 사람들은 아버지가 차범근이라는 게 부럽기도 하겠지만, 우리
두리나 하나는 어디 나가서 아빠가 나라는 얘기를 잘 안 해. 특히
하나는 어릴 땐 아빠가 유명한 걸 좋아하더니 커서는 절대 말 안
하더라고. 지금은 싱가포르에서 전업주부로 사는데, 일할 땐 독일
관련된 쪽으로 계속했었어. 잘 커 줘서 고맙지.

장남 차두리는 지도자의 길을 걷고 있어요. 오산고등학교 감독이죠.

집 사람은 뭐라고 하는데, 나는 그럴 수 없어. 내가 유소년 관련
일을 하고 있는데 우리 아들이 청소년을 가르치는 거 가지고 뭐라
할 수 없잖아. 아빠가 가지고 있는 생각을 아들도 가지고 있는 게
고마운 일이라고 생각하면서 지켜보고 있지. 난 어렸을 때부터
내가 품은 뜻에서 한 번이라도 이탈하거나 다른 것을 해야겠다고
생각한 적이 없어. 그래서 스스로에게 부끄러움이 없는 거야. 이 길을
계속해서 가는 건 나 개인을 위해서가 아니라 한국 축구를 위해서야.
선생님들의 뜻을 내가 이어받은 거지. 선생님들은 돈이 없어서,
돈을 벌 수도 없어서 이 일들을 하고 싶어도 못 하셨어. 그리고 내
삶에 교훈을 주셨어. '돈을 벌어야겠다. 그리고 독일에 가야겠다'고
생각하게 된 거야. 선배들이 내게 영감을 줬고, 사실은 반면교사가 돼
준 거야. 이제 자기만의 성공이 아닌, 한국 축구를 위한 성공을 하는
후배가 많아지길 바라. 더 많은 후배가 묵묵하게 한국 축구를 위해
헌신한다면 나는 더 보람 있고 행복할 거야.

다른 길도 있었을 텐데, 결국 약속을 지켰네요.

독일을 떠나기 전에 '좋은 축구를 배워서 후진을 위해 봉사하겠다'는
건 내 진심이었어. 그래서 코치 제안이 있었지만 한국에 돌아올
수밖에 없었던 거야. 내겐 사명이 있어. 한눈팔지 않고 계속 유소년
축구를, 한국 축구의 밑바닥을 닦아야 한다는 거지. 잠시 내가 감독을
한 건 후배들에게도 영향을 줘야겠다는 생각 때문이었어. '마치고는
내 본연의 자리에 가야겠다'고 늘 생각했고, 왜 나라고 다른 걸 하고
싶지 않았겠어? 그럴 때마다 내가 처음 가진 마음을 떠올렸어.
'한국 축구 유소년 문제와 골 결정력 부족, 문전 처리 미숙'에 대한
해답을 찾았으니 이 일을 지속적으로 하는 게 내 일이라고 말이야.
누구라도 선생님들의 뜻을 담고 사는 사람이 있어야 또 그런 후배도
나오지 않을까? 아이들이 더 축구를 잘할 수 있는 일을 지속적으로,
집중해서 해야겠다고 생각해. 차범근축구교실 그리고 팀 차붐은
거의 나의 분신이야. 내 생각과 삶을 지탱하는 일이고, 내가 죽더라도
이 사회에서 흘러가야 되는 그런 일이야. 그렇게 생각하고 살고 있어.

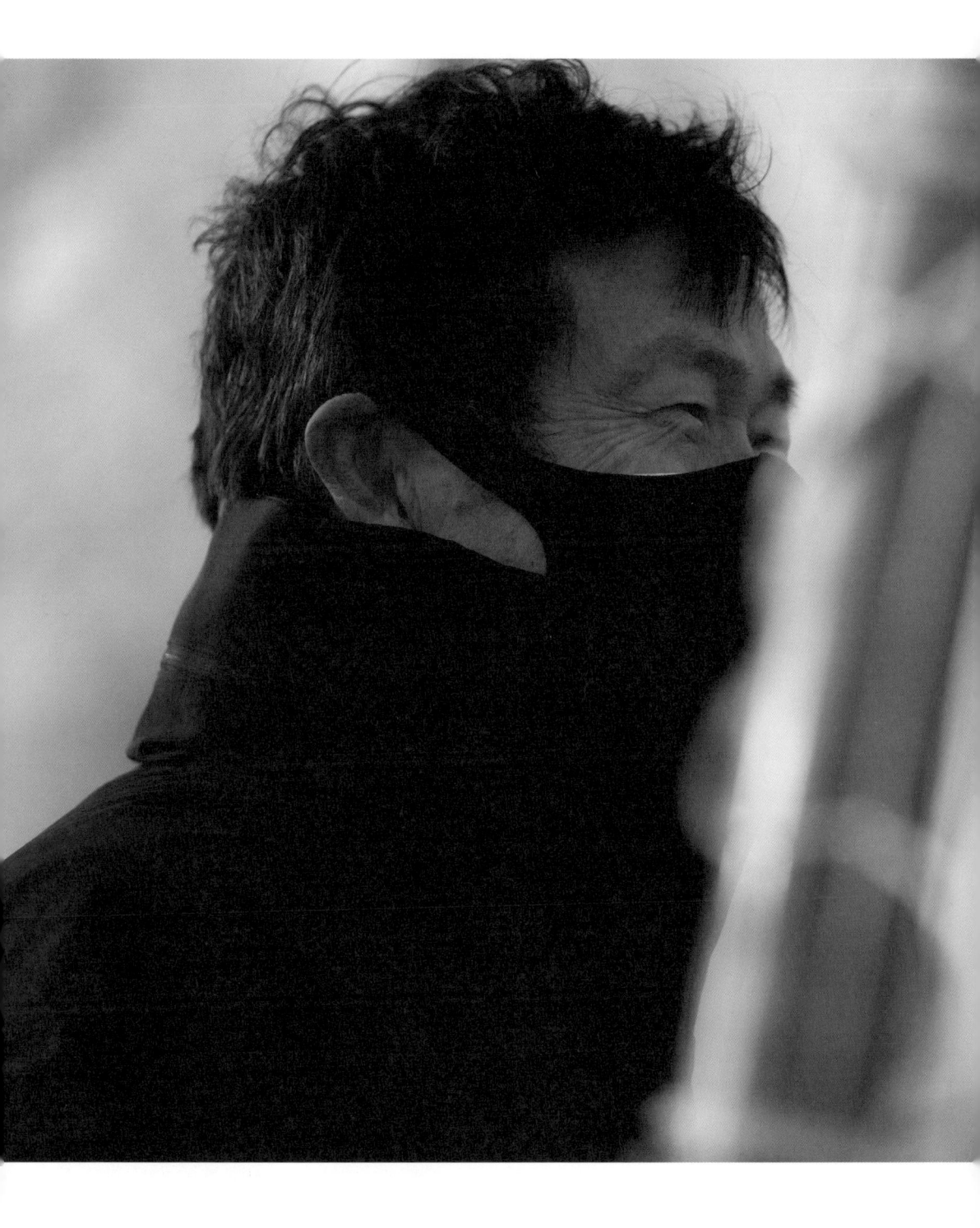

어느 순간부터 차범근 이사장은 우릴 보고 기분 좋은
미소를 짓고 있었다. 사진 한 장 한 장 열심히 찍고 고르는
모습에 괜히 흐뭇해하기도 했다. *"무슨 일이든 100%를
쏟아내야 해. 간절함이 보여. 잘 되겠어."*
인자한 할아버지 같았다. 그는 우리의 일을 격려하고,
저녁 식사 거리를 걱정했다. 사실 푸근한 인상은 기대하지
않았다. 우린 차범근 이사장을 이미 여러 번 보았고, 또
많은 이야기를 들어왔다. 그가 받고 있는 칭송만큼, 오해
역시 어느 정도 알고 있었다. 대개는 사람을 잘 알아보지
못해서 생긴 문제. 사람들의 알은체에 그는 낯선 얼굴로
대한다. 처음 우리에게도 그랬다. *"그래서 뭐가 궁금한데?"*
인터뷰 초입, 그가 던진 한마디에 우린 긴장했다.
살가움과 거리가 멀어 보였던 그가 할아버지처럼 비친
순간, 우리의 눈에도 시대를 개척해 온 한 사람이 보였다.
차범근 이사장은 한 번도 제 뜻을 거스르지 않고 지켜온
삶을 긍정하고 있었다. 고된 삶은 연민의 대상이 아니라
자부심이었다.
그는 축구 외 세상에 대한 표현을 제한했다. 감정까지도
그랬다. 이상하리만큼 감정이 섞인 표현을 하지 않았다.
듣기에도 '기계'와 같은 삶이었다. 장남 이야기를 하며
흔들리던 눈빛은 인간 차범근의 연약한 면모를 느끼게
했지만, 잠시였다.
역사가 차곡차곡 쌓인 진열장 앞에서 그는 사진 한 장을
우리에게 소개하고 싶어 했다. *"프랑크푸르트에 갔는데
UEFA컵 우승했을 때 사진이 있는 거야. 사인까지 해서 팀
차붐 아이들 나눠줬어. 좋아했지, 그럼!"*
그는 다음 날 새벽, 팀 차붐 일정이 시작되는 포항으로
떠났다고 했다. 우리가 다시 만난 건 며칠 뒤 서울 용산구
이촌동 차범근축구교실에서였다. 그와 우리 사이의
긴장감은 다시 원점으로 돌아가 있었다.
다른 시간, 다른 공간에서 만난 차범근 이사장은 그때 그
할아버지가 아니었다. 팀 차붐 지도에 몰입해 있었다.
축구밖에 없는 삶, 그대로였다. 그는 '기계'와 같은 얼굴로
말했다. *"나 말고 아이들, 우리 아이들 좀 찍어줘."*

정리 **이종현** 사진 게티이미지코리아

차범근은 한국에서 유럽으로 가는
길을 열었다. 개척자가 만든 길을 이제
후배들이 따라 걷는다.

1977년 일본의 미드필더 오쿠데라 야스히코가
아시아인 최초로 분데스리가를 밟았다. 1년 후 차범근이
분데스리가에 도전했다. 1980년대 분데스리가의 외국인
선수 비율은 8%에 그쳤다. 그마저도 오스트리아,
스웨덴, 덴마크, 유고슬라비아 출신 인근 유럽 선수들이
다수였다. 아시아 선수는 전혀 없었다고 해도 무방한
시기에 차범근과 오쿠데라는 장기간 좋은 활약을 펼쳤다.
차범근은 프랑크푸르트와 레버쿠젠 역사상 유일무이한
유럽클럽대항전 트로피를 안기기도 했다.
10시즌 동안 차범근은 '우리도 유럽에서 통할 수
있다'라는 걸 증명했다. 유럽 내에 있는 한국과 아시아
선수에 대한 평가도 바꿔 놓았다. 비슷한 시기 허정무도
네덜란드 에레디비시 PSV에인트호번으로 이적해
1984년까지 세 시즌 뛰었다. 박종원(카이저슬라우테른)과
박상인(MSV뒤스부르크)은 1981년 분데스리가에 도전했다.
지금도 차범근이 남긴 유산은 남아 있다. 2010년대
분데스리가에서 뛴 구자철, 박주호는 한국 선수들에게
우호적인 현지의 분위기를 느꼈다고 증언했다.
차범근 이후 한국 선수들이 유럽으로 나가는 길은
넓어지고 다양해졌다. 앞으로 더 많은 변화가 올 수
있겠지만, 차범근이 이 길을 열었다는 것만은 분명하다.
차범근 이후 30년 동안 17명의 우리 선수가 분데스리가
무대를 밟았다.

Bundesliga In Korea

차범근(1978-89)
SV다름슈타트98
아인트라흐트프랑크푸르트
바이엘04레버쿠젠

박종원(1981-1982)
카이저슬라우테른

박상인(1981-1982)
MSV뒤스부르크

김주성(1992-93)
VfL보훔

이동국(2000-01)
베르더브레멘

차두리(2002-13)
아르미니아빌레펠트
아인트라흐트프랑크푸르트
마인츠05
SC프라이부르크
포르투나뒤셀도르프

안정환(2005-06)
MSV뒤스부르크

이영표(2008-09)
보루시아도르트문트

손흥민(2010-16)
함부르크SV
바이엘04레버쿠젠

구자철(2010-19)
VfL볼프스부르크
FC아우크스부르크(임대)
마인츠05
FC아우크스부르크

지동원(2012-)
아우크스부르크(임대)
보루시아도르트문트
아우크스부르크
SV다름슈타트98(임대)
마인츠05

박정빈(2012-13)
SpVgg그로이터퓌르트

박주호(2013-18)
마인츠05
보루시아도르트문트

홍정호(2013-16)
아우크스부르크

류승우(2014-15)
바이엘04레버쿠젠

김진수(2014-16)
TSG1899호펜하임

정우영(2018-)
바이에른뮌헨
SC프라이부르크

권창훈(2019-)
SC프라이부르크

황희찬(2020-)
RB라이프치히

*해당 시즌 독일 분데스리가(1부 리그) 소속, 2020년 11월 기준

정리 **이종현** 사진 **FAphotos**

차범근은 후배들을 위한 길을 낸 것에 만족하지 않는다. 그는 유소년 육성을 사명으로 삼고 여전히 헌신하고 있다.

차범근축구상

1988년 5월 18일 차범근은 바이엘04레버쿠젠 유니폼을 입고 UEFA컵(현 유로파리그) 우승 트로피를 들어 올렸다. 차범근은 정신 없는 우승 현장에서 "당신은 은퇴하지만 차범근이라는 이름을 버리지 말고 아이들에게 꿈과 희망을 줍시다"라는 이야기를 들었다. 가슴이 끓었다. 차범근축구상의 시작이었다.

차범근축구상은 1988년 12월에 시작했다. 매해 성장 가능성을 보여준 초등학교 축구 선수 6명(대상 1명, 우수상 2명, 장려상 3명)을 선발해 시상하고 있다. 이동국(4회), 박지성(5회), 최태욱(6회), 김두현(7회), 기성용(13회), 황희찬(21회), 백승호(22회), 이승우(23회)가 차범근축구상 출신이다.

2017년, 차범근축구상은 포메이션 구분 없이 6명을 선발해온 기존 방식에서 수상자를 대폭 늘렸다. 베스트11을 뽑아 포메이션별 유망주에게 수상 기회를 확대했다. 수상자가 공격수에 집중된 한계를 개선했다. 최우수 여자선수상도 신설했다. 2018년부터는 대상을 별도로 선정하지 않았다. 1988년부터 32년 동안 총 221명의 유망주가 차범근축구상을 받았다.

2회 | 장려상
허제정

4회 | 장려상
이동국

9회 | 우수상
김형일

10회 | 대상
하대성

14회 | 우수상
서정진

14회 | 장려상
이한샘

20회 | 대상
서명원

21회 | 대상
황희찬

5회 | 장려상
박지성

6회 | 대상
최태욱

7회 | 대상
김두현

7회 | 우수상
조성환

11회 | 대상
조용태

11회 | 장려상
조동건

12회 | 우수상
조수혁

13회 | 대상
기성용

17회 | 대상
이종호

18회 | 장려상
문창진

19회 | 대상
명준재

19회 | 우수상
박정빈

21회 | 장려상
장창

22회 | 대상
백승호

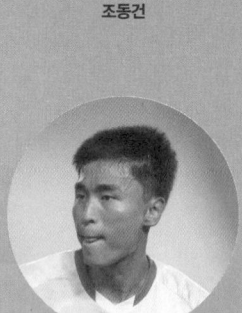

22회 | 장려상
한찬희

23회 | 우수상
이승우

정리 **조형애** 사진 **이연수** 취재협조 **차범근축구교실**

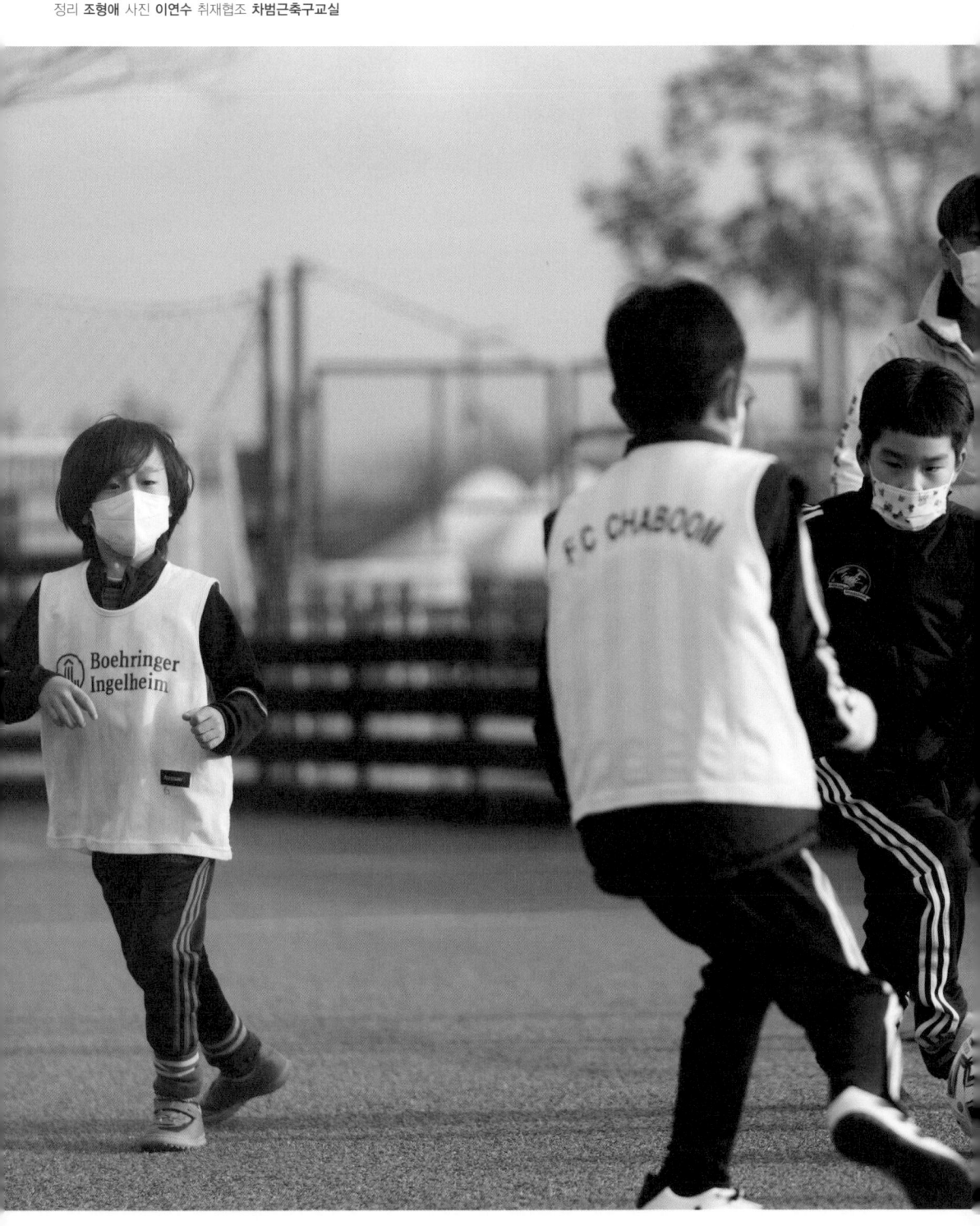

차범근축구교실 | 팀 차붐

1978년, '타도 한국'이라는 비장한 각오 아래 훈련하고
있는 일본 어린이 50여 명을 보는 순간 차범근은 '유소년
육성'의 필요성을 인지했다. 그는 독일에서 선수 생활을
할 때도 휴식기를 국내에서 보낼 때면 한시적으로 어린이
축구교실을 여는 등 유소년 축구 보급에 꾸준한 관심을
가졌다.

1988년, 은퇴를 앞두고 독일에서의 마지막 1년을
유소년 육성 공부에 매달린 그는 1990년 4월 1일,
차범근축구교실을 열었다. 한국 최초의 방과 후
축구교실 형태였다. 1993년부터는 팀 창단이
시작되었다. 신용산초등학교, 용강중학교, 중경고등학교,
여의도고등학교, 그리고 2005년 수원대학교에 이른다.
수원대학교는 프로 유스의 첫 모델이기도 하다.

2017년부터 차범근축구교실은 1988년부터 시상해 오던
차범근 축구상을 확대한 '팀 차붐 프로젝트'를 추진하기
시작했다. 팀 차붐은 차범근 축구상 수상자 16명과 지도자
1명이 독일로 건너가 선진 유소년 시스템을 직접 경험하는
프로그램이다(*2020년에는 코로나 19 확산세로 독일
원정을 취소, K리그 투어로 대체하였다).

차범근은 축구교실 운영을 "평생의 사명"이라 말한다.
한국 축구를 위한 일이지만 궁극적으로는 "단순히
축구만을 위한 일이 아니"라고 강조하기도 한다. 그는
유소년 육성이 나아가 사회에 좋은 어른을 만드는
일이라고 믿고 있다.

"유소년 축구가 사회 전반에 토대를 놓는 데
중요하다고 생각해. 사회성을 기르는 거니까. 사람이
성장하며 필요한 가장 기본적인 것을 배울 수 있는 게
생활 체육이야. 그걸 나는 축구 교실로 말하고 있지.
축구를 통해서 다른 사람과 함께 뛰고, 활동하고
무언가를 체득하게 하는 거야. 축구가 이야기하는
게 페어플레이잖아. 축구에서 페어플레이를 배우면
사회에서도 정직하게 싸워나갈 수 있는 힘이 생겨.
그런 아이들이 많아질수록 난 우리 사회가 더
깨끗해진다고 생각해."

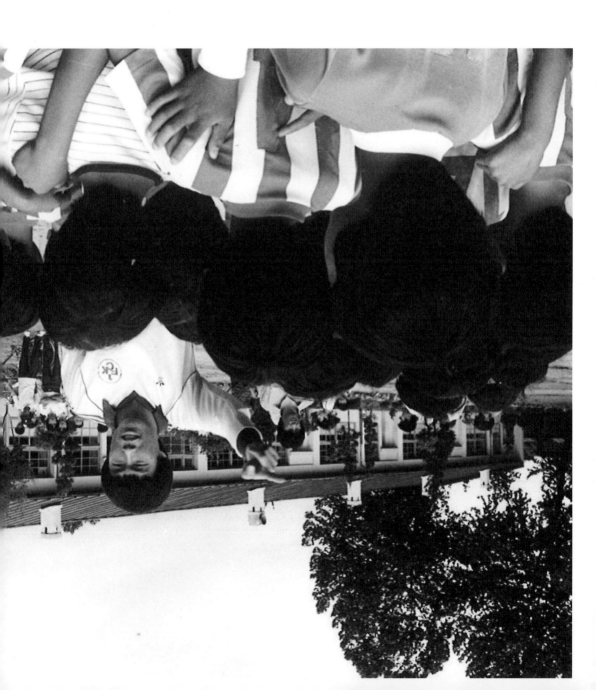

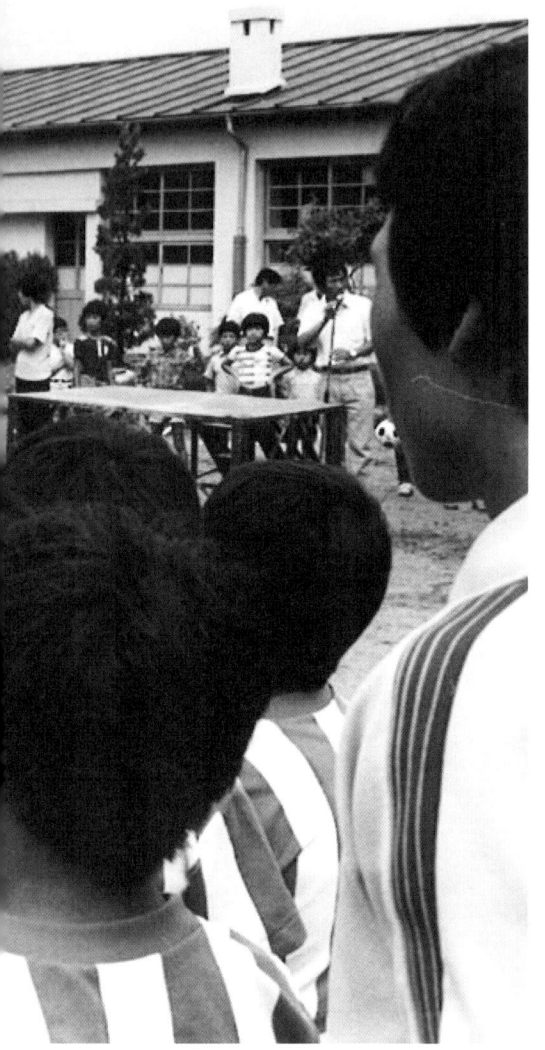

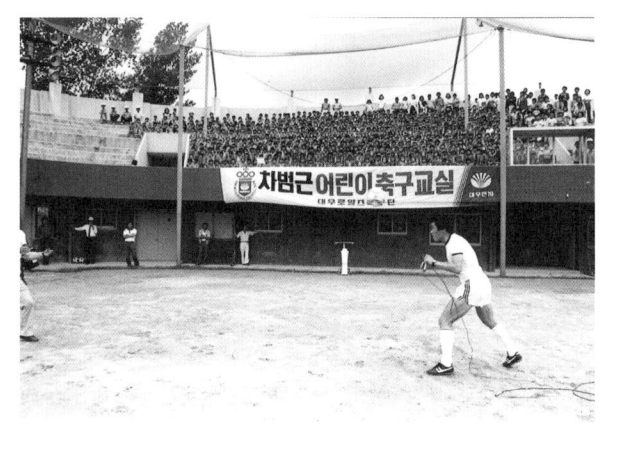

2021년 1월호 제1권 제1호 (통권 1호)

Editor-In-Cheif
편집장 류청 | Editor-In-Chief RYU, CHUNG

Editorial Team
조형애 | Editor CHO, HYUNG AE
이종현 | Editor LEE, JONG HYUN

Design Team
팀장 황지영 | HWANG, JI YOUNG
허 일 | HUH, IL

Pictures
이연수 | Director LEE, YEON SOO
FAphotos, Gettyimages Korea

Brand Marketing Team
조희진 | Manager JO, HEE JIN
오세원 | Contents PD OH, SE WON
허지연 | Contents PD HEO, JI YEON
김재홍 | Contents PD KIM, JAE HONG

Sales & Management
팀장 박진예 PARK, JIN YE

Enquiry
취재 요청 | 442.kr@byutt.com
팩스 | 02-732-1442

발행인 김도영

초판 1쇄 펴낸 날 2020년 12월 24일

펴낸이 | 홍정우
펴낸곳 | 브레인스토어

책임편집 | 박진홍
편집진행 | 양은지, 박혜림
디자인 | 이유정
마케팅 | 김에너벨리

주소 | (04035) 서울특별시 마포구 양화로7안길 31(서교동, 1층)
전화 | 02-3275-2915~7
팩스 | 02-3275-2918
이메일 | brainstore@chol.com
블로그 | https://blog.naver.com/brain_store
페이스북 | https://www.facebook.com/brainstorebooks
인스타그램 | https://www.instagram.com/
　　　　　　brainstore_publishing

등록 2007년 11월 30일(제313-2007-000238호)

ISBN 979-11-88073-62-7 (03690)
ⓒ브레인스토어, 포포투 코리아

*이 책은 저작권법에 따라 보호받는 저작물이므로
무단전재와 무단복제를 금하며, 이 책 내용의 전부 또는
일부를 이용하려면 반드시 저작권자와 브레인스토어의
서면 동의를 받아야 합니다.

KB142710